中国体育旅游产业发展研究

孙启政◎著

中国戏剧出版社
CHINA THEATRE PRESS

图书在版编目（CIP）数据

中国体育旅游产业发展研究 / 孙启政著. -- 北京：中国戏剧出版社，2024. 11. -- ISBN 978-7-104-05598-3

Ⅰ. F592.3

中国国家版本馆 CIP 数据核字第 2024PQ7752 号

中国体育旅游产业发展研究

责任编辑： 肖　楠
项目统筹： 李　静
责任印制： 冯志强

出版发行：	中国戏剧出版社
出 版 人：	樊国宾
社　　址：	北京市西城区天宁寺前街 2 号国家音乐产业基地 L 座
邮　　编：	100055
网　　址：	www.theatrebook.cn
电　　话：	010-63385980（总编室）　　010-63381560（发行部）
传　　真：	010-63381560

读者服务： 010-63381560
邮购地址： 北京市西城区天宁寺前街 2 号国家音乐产业基地 L 座

印　　刷：	廊坊市印艺阁数字科技有限公司
开　　本：	787mm×1092mm　1/16
印　　张：	11.5
字　　数：	210 千字
版　　次：	2024 年 11 月　北京第 1 版第 1 次印刷
书　　号：	ISBN 978-7-104-05598-3
定　　价：	68.00 元

版权专有，违者必究；如有质量问题，请与出版社联系调换。

前 言

随着中国经济持续增长和民众生活品质显著提升,体育旅游在国内呈现出了蓬勃发展的趋势。这一现象是多重因素共同作用的结果。首先,人们健康意识的提升是体育旅游产业发展的重要推手。在当今社会,随着人们生活节奏的加快和工作压力的增加,越来越多的人开始关注自身的健康问题。体育锻炼不仅被视为增强体质、预防疾病的必要手段,还被视为提升生活品质、追求幸福感的重要途径。体育旅游作为体育锻炼与休闲旅游的完美结合,以其独特的魅力和优势受到了广大消费者的青睐。无论是登山徒步、骑行探险,还是参与水上运动和冰雪项目,都能让人在运动中享受自然之美,在休闲中收获健康之益。其次,政府对体育旅游产业的扶持力度不断加大,为其快速发展提供了有力的政策保障。从制定发展规划、出台优惠政策,到加强基础设施建设、提升服务水平,政府的一系列举措为体育旅游产业的成长创造了良好的环境。近年来,随着健康中国战略的深入实施,体育旅游作为促进健康与旅游融合发展的重要产业领域,得到了更多的政策支持。最后,我国体育旅游产业的产品体系也日趋完善,吸引了更多人参与。目前,国内体育旅游产品涵盖了不同层次和类型,如户外探险、水上运动、冰雪运动和高尔夫等,以其高品位、高品质的特点,吸引了大量追求极致体验的消费者。这些项目不仅为人们提供了丰富多样的运动选择,还在推广普及健康生活方式、提升国民身体素质方面发挥了积极作用。同时,徒步旅行、自行车骑行等,以其门槛低、参与性强的特点,受到了社会的广泛关注。

然而,我们也要看到,我国体育旅游产业在快速发展的同时,也面临着一些挑战。如何进一步提升服务质量、加强安全管理、促进产业创新等是我们需要思考和解决的问题,但无论如何,我们有理由相信,随着我国体育旅游产业的不断发展壮大,它将成为推动国民健康休闲生活的重要力量,为社会的繁荣与进步作出更大的贡献。

本书旨在对我国体育旅游产业进行系统的梳理与深入的研讨，为相关领域的专家学者、从业人员以及政策制定者提供全面而精准的参考与借鉴。通过多维度的产业分析，本书力求为我国体育旅游产业的可持续发展提供坚实的理论支撑和实践指导，帮助各方把握发展机遇，应对挑战，共同推动体育旅游产业朝着更加健康、繁荣的方向发展，为构建体育强国、加强文化交流互鉴作出积极贡献。本书立足于我国体育旅游产业的实际，以系统性与前瞻性相结合的研究视角，对我国体育旅游产业的各个方面进行了全面而深入的剖析。本书不仅从理论层面进行了系统的阐述，还从实践角度出发深入探讨了我国体育旅游产业的现状与发展趋势。本书的亮点在于对体育旅游产业集群竞争力和协同发展机制的深入探讨。笔者结合国内体育旅游产业的实践经验，既在理论层面进行了创新性的突破，又在实践层面提出了具有可操作性的建议。这些探讨和建议不仅为我国体育旅游产业的健康发展提供了理论支撑，还为政策制定者提供了决策参考，为我国体育旅游产业的未来发展指明了方向。

本书系统划分为五章，每章均紧密围绕体育旅游产业的多个维度进行深入研讨。第一章阐明基本理论，对体育旅游产业的概念、形成与演进历程、参与主体、产业构成及资源特性进行全面阐述，旨在为读者构建一个全面而深入的体育旅游产业知识框架。第二章则聚焦我国体育旅游产业的现实状况与未来走向，通过细致分析各类人群的参与状况、产业发展现状和存在的问题，以及预测未来发展趋势，为政策制定者和产业实践者提供决策支持与参考。第三章深入探讨体育旅游产业集群竞争力的理论机制、构建路径及提升策略，指出旅游地在产业集群竞争力提升中的特殊影响力，旨在为优化产业布局、提高区域竞争力提供战略性思路与实操方法。第四章则着重研究我国体育旅游产业的协同发展之路，涵盖体育赛事旅游、冰雪体育旅游、少数民族体育旅游等多个领域，旨在发掘各领域间的协同潜力，实现优势互补与深度融合。第五章则以山东滨海体育旅游为具体案例，对体育旅游产业进行深入、细致的剖析与研究，旨在为地方政府和从业者提供切实可行的优化建议与实施方案。

尽管本书对我国体育旅游产业进行了全面系统的研究，但因篇幅所限，仍有一些重要议题未能深入剖析，包括体育旅游与健康、体育旅游与环境保护等关键领域的内在联系，以及国际体育旅游产业的比较分析与借鉴等。我们期望这些议题能够成为未来学术探索的延伸方向，为我国体育旅游产业的持续发展提供更为深入的理论支撑和实践指导。

在撰写本书的过程中，笔者参考了大量的学术文献，得到了许多专家学者的帮助，在此表示真诚感谢。本书内容系统全面，论述条理清晰、深入浅出，但由于笔者水平有限，书中难免有疏漏之处，希望广大同行及时指正。

孙启政

2024 年 1 月

目 录

前 言 1

第一章 体育旅游产业基本理论 1
  第一节 体育旅游概述 2
  第二节 体育旅游的产生与发展 11
  第三节 体育旅游者 16
  第四节 体育旅游产业 19
  第五节 体育旅游资源 26

第二章 中国体育旅游产业发展现状与趋势 30
  第一节 中国体育旅游产业发展的基本现状 31
  第二节 中国体育旅游产业发展中存在的问题 33
  第三节 中国体育旅游产业发展的趋势策略 39

第三章 中国体育旅游产业集群竞争力 43
  第一节 体育旅游产业集群理论 44
  第二节 体育旅游产业集群的构建 47
  第三节 旅游地对体育旅游产业竞争力的影响 54
  第四节 体育旅游产业核心竞争力提升策略 65

第四章 中国体育旅游产业协同发展 81
 第一节 体育赛事旅游的协同发展 82
 第二节 冰雪体育旅游的协同发展 87
 第三节 少数民族体育旅游的协同发展 95

第五章 中国体育旅游产业协同发展研究的典型案例分析——以山东滨海体育旅游为例 106
 第一节 山东滨海体育旅游分析 107
 第二节 山东滨海体育旅游产业资源 122
 第三节 山东滨海体育旅游产业优化 140

参考文献 169

第一章　体育旅游产业基本理论

本章为体育旅游产业基本理论，分别介绍了体育旅游概述、体育旅游的产生与发展、体育旅游者、体育旅游产业、体育旅游资源五个方面的内容。

第一节 体育旅游概述

一、体育旅游的概念与基本结构

随着现代社会竞争的日益激烈和人们生活压力的不断增大，适当的休闲娱乐活动已经成为缓解压力、维护身心健康的重要方式。尤其对于长期处于高强度工作状态的上班族而言，抽出时间进行休闲娱乐显得尤为必要。近年来，各种新颖的休闲娱乐设施不断涌现，从购物中心、主题公园到各种文化体验场所，为人们提供了丰富多样的选择。由于许多人更倾向于到一些未曾去过的地方体验新鲜感，因此，体育旅游成为一种备受青睐的休闲方式。与传统的旅游娱乐项目相比，体育旅游以参与性活动为主要特征，不仅能够促进参与者的身心健康，还能增长知识见识，对上班族来说尤其有益。此外，随着当前社会老龄化程度的加剧，中老年人对休闲娱乐的需求也日益旺盛。相比于传统体育活动的高强度运动，体育旅游更加注重参与性和趣味性，更能够满足中老年人追求健康、放松的需求。同时，体育旅游还能促进中老年人的社交互动，增进亲情友谊，对提高其生活质量和心理健康水平都有积极作用。

（一）体育旅游的概念

体育旅游——这一融合了体育与旅游元素的产物，近年来在学术界和社会层面都获得了广泛关注。然而，对于这样一个跨学科的综合性概念，尽管学者们纷纷展开深入研究，但至今仍未能在其定义上达成共识。不同的研究者根据自身的专业背景和研究视角，给出了不同的分析和解读。

学者齐飞认为，直观来看，体育旅游即"体育"和"旅游"两个要素相结合的产物。[1]

学者程蕉认为，体育旅游是人离开常规的生活方式和地点，以观看体育比赛、参与体育活动或体育怀旧为目的，在商业或非商业行为中获得休闲体验的社会、经济、文化现象。[2]

学者郝胜利认为，体育旅游巧妙地将体育与旅游二者融合起来，从而产生了

---

[1] 齐飞：《体育旅游：定义视角、要素解构与概念重构》，《财经智库》2020年第1期，第128页。
[2] 程蕉：《体育旅游概念重构》，《体育科技》2013年第3期，第19页。

具有体育和旅游双重特征的产业。随着我国经济的不断发展与壮大，人们工作生活的节奏不断加快，在空闲之余更愿意花费一定的时间在强身健体、户外旅游等放松心情的娱乐活动上。因此，体育旅游产业在我国国民经济发展的过程中也将逐渐占据核心的位置，对于我国国民经济的发展起到了推动和创新的作用。①

学者袁芳认为，体育旅游是旅游的重要组成部分，是专项旅游的一种，是人类社会生活中的一种新兴旅游活动，其概念有广义与狭义之分。从广义上讲，体育旅游是指旅游者在旅游中所从事的各种娱乐身心、锻炼身体、竞技竞赛、刺激冒险、康复保健、体育观赏及体育文化交流活动等与旅游地旅游企业、体育企业及社会之间关系的总和；从狭义上讲，则是为了满足和适应旅游者的各种专项体育需求，以体育资源和一定的体育设施为条件，以旅游商品的形式，为旅游者在旅行游览过程中提供融健身、娱乐、休闲、交际等于一体的服务，使旅游者的身心得到和谐发展，是以促进社会物质文明和精神文明发展、丰富社会文化生活为目的的一种社会活动。②

学者韩国栋认为，体育旅游是体育产业与旅游业深度融合的一种新兴产业形式。它不但丰富了旅游产品体系，拓宽了旅游消费渠道，促进了全民健身与国民健康的深度融合，而且提高了体育产业发展的质量和效率，为经济发展增添新动能、拓展新空间。③

学者巩明振认为，体育旅游作为旅游产业和体育产业相互交叉融合形成的新领域，是以体育资源和旅游资源为基础，吸引人们体会和参与体育旅游活动，并在活动当中得到身心锻炼的一种健身形式，是体育与旅游相融合的一种新型的休闲生活方式。④

学者史常凯、何国平认为，从广义上讲，体育旅游是旅游者在旅游中所从事的各种身体娱乐、身体锻炼、体育竞赛、体育康复、体育文化交流活动，以及其与旅游地、体育旅游企业和社会之间关系的总和；从狭义上讲，体育旅游是为了

---

① 郝胜利：《试论体育旅游产业发展对于经济的促进作用》，《经济研究导刊》2017年第22期，第2页。
② 袁芳：《洛阳体育旅游资源的现状与市场分析》，《北京体育大学学报》2007年第11期，第698页。
③ 韩国栋：《体育旅游产业融合发展的动力与发展路径研讨》，《商业故事》2018年第8期，第158页。
④ 巩明振：《甘肃省体育旅游资源开发的SWOT分析及战略研究》，兰州理工大学2012年硕士学位论文。

满足和适应旅游者的各种体育需求，借助各种各样的体育活动，并充分发挥其各种功能，使旅游者的身心得到和谐发展，从而实现社会物质文明和精神文明相互促进，丰富社会文化生活的一种活动。[①]

学者卢长宝、郭晓芳、王传声认为，体育旅游具有鲜明的空间属性，是宏观性产品的一种，拥有多个层面，包含了政府、企业与消费者的多重互动。[②]

总而言之，学界对于体育旅游概念的界定众说纷纭、不一而足，而对体育旅游展开深入研究的基础就是对其概念进行科学的界定。通过对不同学者各方面的观点进行分析和总结，笔者从广义和狭义两个方面对体育旅游的概念进行了分析。从广义上来看，体育旅游应归为旅游的范畴，其是在旅游过程中各种体育休闲、体育娱乐、体育文化交流等方面的活动与旅游地、旅游企业及整个社会之间关系的总和。从狭义上来看，体育旅游是旅游者为了满足体育需求，借助各种体育活动，并充分发挥其各种功能，使旅游者的身心得到和谐发展，并促进社会精神文明进步和社会文化生活不断丰富的一种旅游活动。

（二）体育旅游的基本结构

在传统的观念中，体育和旅游似乎是两个相对独立的领域，体育主要关注身体的锻炼、技能的掌握和竞技的较量，旅游则侧重于欣赏自然风景、体验异地文化和放松心情。然而，随着社会的进步和人们生活方式的多样化，体育与旅游开始以一种前所未有的形式交织在一起。在体育旅游中，人们不再仅仅满足于观看比赛或参与运动，而是希望将体育活动与旅游体验完美结合。他们可能选择在风景优美的地方进行户外探险、骑行或徒步，也可能参加具有地域特色的体育赛事或文化活动。这种融合使得体育旅游不仅具有健身和竞技的功能，更增添了一种探索和发现的乐趣。

探险、体育、休闲与旅游的相关活动关系如图1-1所示。体育旅游是探险、体育、休闲与旅游四个领域相互交织、相互影响而形成的一种独特的旅游活动形式。它是以体育活动为主要内容的旅游活动，包括观赏型体育旅游和参与性体育旅游两大类。

[①] 史常凯、何国平：《湖北省体育旅游资源开发战略研究》，《湖北体育科技》2005年第4期，第437页。
[②] 卢长宝、郭晓芳、王传声：《价值共创视角下的体育旅游创新研究》，《体育科学》2015年第6期，第25页。

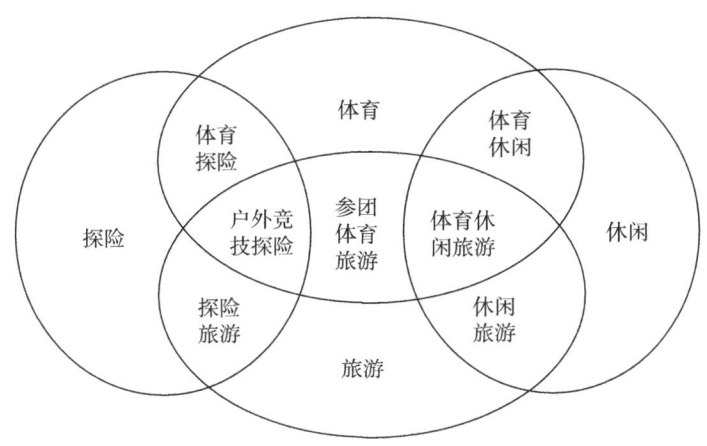

图 1-1　探险、体育、休闲与旅游的关系

图 1-1 中心橄榄形的一端是体育休闲旅游，其属于体育休闲的一部分。体育休闲是用于娱乐身心、休闲自我的各种体育活动，其是人们在余暇进行的，以满足自身发展需要和愉悦身心为主要目的，并且具有一定文化品位的体育活动。中心橄榄形的另一端则是户外竞技探险，这一类型的活动对人们的身体素质要求相对较高，需要参与者具备相应的技术能力和体能素质。

二、体育旅游的特点

（一）回头客较多

相较于传统旅游活动，体育旅游往往有更多的回头客，这是其独特的优势所在。传统旅游活动通常以观光、休闲、娱乐为主，游客追求的是新鲜感和刺激感。因此，在结束第一次的旅游经历之后，他们很难再次产生强烈的旅游欲望。相比之下，体育旅游具有一定的参与性和互动性，能够给游客带来更深刻的体验和感受。以观赏型体育旅游为例，观看体育赛事不仅能满足游客的观赏需求，还能让他们现场感受到运动员的激情与拼搏精神，产生强烈的认同感和归属感。这种独特的体验往往会让游客产生再次观赏的欲望，从而提高了回头客比例。对于参与性体育旅游而言，游客不仅可以在目的地进行各种体育活动，还能结识志同道合的新朋友，建立起深厚的感情纽带。这种社交互动和情感体验，往往会让游客对目的地产生更深刻的印象，从而增加了他们再次前往的可能性。

（二）技能要求较高

传统旅游活动一直以其轻松、休闲的特点吸引着广大游客。无论是漫步在古镇的街巷中，还是乘船在湖面上悠闲荡漾，抑或是在异国他乡的商店中尽情购物，这类活动基本上不对旅游者有特别的身体素质或技能要求，几乎任何人都可以轻松参与并享受其中的乐趣。然而，体育旅游活动与传统旅游活动形成鲜明对比，这类活动不仅要求参与者拥有强健的体魄，更需要他们具备一定的技能基础。尤其是一些户外竞技探险类体育旅游活动，这类活动往往需要在自然环境中进行，面对的是复杂多变的地形和气候条件，因此，对参与者的体能水平和技能要求都相当高。例如，登山活动不仅需要旅游者具备良好的心肺功能和耐力，还需要他们掌握一定的登山技巧，包括正确使用登山装备、安全绳索技巧等；冲浪需要旅游者掌握平衡技巧，能够熟练驾驭海浪；潜水则需要旅游者具备潜水技能和潜水设备的正确使用能力。技能的掌握不仅需要一定的学习成本，还需要参与者在日常生活中不断练习，才能在实际活动中应用自如。

（三）风险性

体育旅游活动与一般旅游活动相比确实具有一定的风险性，这种风险性指的是在体育旅游过程中可能发生特定危险情况的不确定性和损害性。体育旅游活动通常在户外进行，参与者需要面对复杂多变的自然环境。登山、潜水、滑雪等活动都可能面临突发危险：登山时可能遇到恶劣天气、崎岖地形或高原反应等；潜水时可能遇到有毒水母或压力过大等；滑雪时可能发生雪崩或坠落等。这些意外情况都可能导致严重伤害甚至生命危险。相比之下，传统旅游活动通常在相对安全的场所进行，如城市景点、商业区等，参与者面临的风险相对较小。

尽管体育旅游活动存在一定风险，但只要参与者做好充分准备和预防措施，风险也是可控的。如提前了解目的地环境、学习必要的专业技能、携带合适的装备、制定应急预案等，都可以有效降低风险。同时，旅游公司也应当加强风险评估和管理，为参与者提供专业技术指导和安全保障服务。只有充分做好风险防范，体育旅游活动才能为参与者带来更加难忘和刺激的体验。

（四）消费性

与传统旅游活动相比，体育旅游活动的成本相对较高。具体而言，其包括以下四个方面：首先，旅游者在参与相应的体育旅游活动时，需要掌握一定的知识技能，有时甚至需要进行专门的培训，这就需要花费一定的资金。其次，一些体育旅游项目会使用专业的装备、设备，需要旅游者购置或租赁，从而产生一定的花销。再次，在参与体育旅游活动时，有时需要聘请专业导游、专职教练或本地向导，增加了一定成本。最后，体育旅游具有一定的风险性，这就要求体育旅游参与者应特别加强防范措施，如购置防护装备和意外保险等，从而增加成本。

体育旅游以区域自主管理为主，这就需要制定相应的管理标准，提高规范化水平。体育旅游产品众多，消费者根据自身的喜好选择相应的体育旅游项目，因此，体育旅游消费具有多层次性的特点。体育旅游参与者收入水平不同，对体育旅游产品的价格接受程度也不同。

（五）体验性

在现代经济社会发展过程中，人们产生了各种各样的消费倾向，体验式消费就是其中之一，指的是让消费者在消费过程中获得良好的心理体验。在一些服务行业中，让消费者获得良好的心理和情感体验尤为重要。体育旅游活动是一种服务产业，旅游者参与的过程在一定程度上也可以看做是一种体验的过程。体育旅游者并不是单纯地参观、欣赏相应的景观，而是要充分参与其中获得良好的情感体验。

体育旅游的体验性是当前体育旅游市场发展的重要特征，迎合了旅游者的需求。体育旅游以相应的旅游资源和体育资源为基础，向旅游者提供综合性服务，在整个服务过程中，能够使得旅游者获得更好的体验，享受到运动和旅游的快乐，从而使其对体育旅游的喜爱更加热烈。

体育旅游活动中，旅游者不仅能够欣赏相应的景色，更能够充分参与和体验其中。体育旅游行业以出售体验为主，在整个体育旅游活动过程中，如果游客不能获得良好的情感和心理体验，那么这个体育旅游项目无疑是失败的，难以吸引人们的到来。

总而言之，现代体育旅游活动不仅要让游客获得五官的享受，还应满足其情感需求。游客通过自身充分参与体育旅游活动，能够获得生理和心理的双重满足。

（六）地域性

体育旅游的发展深受地域性特点的影响，不同地区有不同地区的特色，这直接导致了体育旅游在各地呈现出不同的特点。

一方面，体育旅游的地域性特点体现在自然资源的多样性上。中国地域辽阔，山川河流、草原沙漠、森林湖泊等自然景观各异，这为体育旅游活动提供了得天独厚的条件。例如，东北地区的冰雪资源为冬季冰雪运动旅游提供了条件；西南地区的崇山峻岭则是徒步、攀岩等户外运动爱好者的天堂；东南沿海地区的海滨沙滩则是水上运动、沙滩运动的绝佳场所。这些地域性的自然资源差异使得体育旅游在活动内容、参与形式等方面呈现出鲜明的地域特色。

另一方面，体育旅游的地域性特点还体现在文化背景的差异上。中国历史悠久，民族众多，各地文化特色鲜明，这种文化背景的差异也为体育旅游赋予了深厚的文化内涵。例如，在西北地区，传统的马术、摔跤等民族体育项目是体育旅游的重要组成部分；在江南水乡，龙舟竞渡、水上运动等则成为体育旅游的重要表现形式。这些与地域文化紧密相连的体育项目不仅丰富了体育旅游的内容，还提升了其文化品位和吸引力。

三、体育旅游的基本类型

体育旅游的类型多种多样，可以从多学科角度进行细致划分，但总体来看，体育旅游主要被划分为参团体育旅游和自助体育旅游两大类。

（一）参团体育旅游

参团体育旅游分为三种类型，即观赏型、参与型和竞赛型，这三种体育旅游形式各有特点，满足了不同游客的需求。

1. 观赏型

观赏型参团体育旅游活动指的是游客以观赏为主，观看各种体育赛事或表演活动的旅游形式。这种形式的体育旅游最大的特点是游客可以亲身感受到现场的激烈氛围，近距离观看运动员的精彩表现，如足球、篮球、网球等专业赛事，以及特技表演、马术表演等。观赏型体育旅游能给游客带来强烈的视觉冲击和情感体验，让他们感受到运动的魅力。同时，这种旅游形式还可以带动当地的相关产业发展，如餐饮产业、住宿产业、交通行业等，对当地经济发展产生积极影响。

2. 参与型

参与型参团体育旅游活动是近年来兴起的一种新型旅游形式，它与观赏型参团体育旅游有一定的相似之处，但也存在一些不同。相似之处在于它们都是由专业的体育旅游部门统一安排和组织的团队旅游活动，游客需要一次性缴纳相应的费用才能参与。不同之处在于两者在参与方式上存在明显区别。观赏型参团体育旅游活动主要是让游客观看各种体育赛事或表演，游客只需要坐在观众席上欣赏即可，无须亲自参与；参与型参团体育旅游活动则要求游客亲身参与到体育活动之中，在专业教练的指导下完成各种体育项目，如高尔夫、滑雪、潜水等，这种参与式的体验不仅能让游客感受到运动的乐趣，还能提高他们的运动技能和身体素质。

3. 竞赛型

竞赛型参团体育旅游活动不仅是一种体育竞技运动，还是一种融合了体育精神和旅游体验的综合性活动，参与者通常需要通过官方网站或相关渠道进行报名，并缴纳一定的费用才能参与其中。

竞赛型参团体育旅游活动的主要目的在于参与体育竞赛。无论是足球、篮球等传统球类运动，还是攀岩、皮划艇等新兴极限运动，参与者都希望通过此类活动展示自己的运动技能，挑战自我极限，争取获得优异的成绩。这种竞赛性质不仅增强了活动的趣味性和挑战性，还能培养参与者的拼搏精神和团队精神。

不过，这一类型的活动对团队能力的要求相对较为严格。首先，由于需要共同参与体育竞赛，团队成员之间需要有良好的沟通和协作能力，以确保比赛的顺利进行。其次，团队还需要制定统一的战术策略，合理分配资源，以确保在竞赛中取得优势。这些要求不仅锻炼了参与者的团队协作能力，也提升了他们的集体荣誉感和责任心。最后，竞赛型参团体育旅游活动对于团队参与者的年龄、性别和团队人数等也有一定的要求。例如，某些高强度、高风险的体育竞赛可能只适合年轻人或具备特定身体素质的人参与，而一些团队项目则可能对参与者的性别比例和团队规模有明确的限制。这种要求确保了活动的安全性和公平性，同时也使得活动更具针对性和挑战性。

（二）自助体育旅游

自助体育旅游是当下备受青睐的一种旅游方式，它不仅能满足旅游者对于运动和探险的需求，还能让他们更好地融入当地文化，提升自我管理能力。同时，这种旅游方式还可以让旅游者尽情发挥自主性，探索自我，感受自然，收获独特而难忘的体验。一般情况下，自助体育旅游可以分为两种类型，即户外体育休闲和户外竞技探险。

1. 户外体育休闲

户外体育休闲是自助体育旅游的重要组成部分，它以体育活动为主要内容，为旅游者提供更加自由和多元化的旅行体验。根据不同的目的和需求，户外体育休闲可以分为三种类型：度假型、健身娱乐型和保健型。

（1）度假型

随着现代社会的快速发展，人们的生活节奏越来越快，对于身心放松和休闲度假的需求日益增加，在这样的背景下，度假型体育旅游应运而生。度假型体育旅游的魅力在于其多样性和灵活性，它涵盖众多体育项目，为旅游者提供了丰富的选择。无论是热爱户外运动的年轻人，还是追求健康生活的中老年人，都能在度假型体育旅游中找到适合自己的活动项目。这种旅游方式多见于长假期间，如国庆黄金周、春节等，在这段时间内，人们拥有相对充裕的休息时间，可以放下工作和生活的压力，全身心地投入旅游活动中。

（2）健身娱乐型

健身娱乐型体育旅游以体育健身、疗养和体育康复为主要目的，更加注重娱乐性健身理念，在娱乐过程中具有明确的健身目的。

（3）保健型

保健型体育旅游具有非常强的目的性，人们参与这一类体育旅游活动的主要目的是治疗疾病、恢复体力等。具体而言，这一类体育旅游活动主要有以下两种类型。

第一，疗养旅游是指将按摩、药疗、电疗、食疗、针灸等技术与矿泉、森林等具有疗养价值的自然条件相结合，以达到帮助参与者治疗和康复身体目的的一种旅游形式。比较常见的疗养旅游项目有高山气候疗养、海滨度假等。

第二，户外活动是指在自然条件下，进行登山、滑雪、冰上活动、游泳、划船、打高尔夫球等旅游活动的体育旅游。

2. 户外竞技探险

户外竞技探险具有挑战自我和征服自然的显著特点，与各种户外体育运动具有密切的联系。参与这一类体育旅游项目的游客个性较强，将自身与大自然作为对手，不断挑战极限，探索自然。户外竞技探险类体育旅游项目包括登山探险、地下洞穴探险和高空跳伞等活动。

第二节　体育旅游的产生与发展

一、19世纪体育旅游的产生与发展

体育旅游业作为现代旅游业中独具魅力的一个分支，其发展历程与现代旅游业的兴起和演进同步。然而，在19世纪的中国，这一新兴产业并未获得广泛关注与明显进步。当时的中国，正处在一个相对封闭的社会结构和经济体系中，国家的开放程度有限，与世界的交流也相对较少，在这样的背景下，体育和旅游都未能得到足够的重视，体育旅游更是鲜有被提及。加之在那个时代，由于交通运输和通信技术的相对落后，人们的出行范围受到了极大的限制，大多数人的生活都局限在自己的村庄或城市周边，能够进行的旅游和体育活动都非常有限，即使是对于有一定经济条件的人来说，远距离的旅行和参加体育活动也是一件相当奢侈的事情。但与此同时，随着第二次工业革命的深入，西方国家的经济实力和科技水平都有了显著的提升，交通和通信技术也取得了突破性进展。火车、轮船等交通工具的出现，极大地缩短了人们的出行时间，使得远距离的旅行成为可能。在这样的背景下，体育旅游开始在国外兴起。

19世纪50年代，德国登山俱乐部的成立开启了户外运动俱乐部的先河。当时，德国涌现了许多热爱登山运动的人群，他们希望能够在大自然中挑战自我，享受登山的乐趣。为满足这一需求，德国登山俱乐部应运而生，为登山爱好者提供专业的登山装备、向导服务和相关的后勤保障。俱乐部的成立不仅推动了登山运动在德国的普及，也为登山旅游的发展奠定了基础。

之后的几十年里，随着欧洲其他国家居民对户外运动的热情不断高涨，各类户外运动俱乐部如雨后春笋般出现。19世纪80年代，欧洲各国相继成立了滑雪俱乐部，为热爱滑雪的游客提供专业的滑雪装备租赁、滑雪场地使用和教练指导等服务。这些俱乐部的出现不仅让滑雪运动普及化，也为冬季旅游注入了新的活力。到了19世纪90年代末，一些发达国家出现了休闲观光俱乐部，为游客提供更加全面的旅游服务。这些俱乐部不仅提供户外运动装备和教练指导，还会为游客安排观光路线、预订酒店等，让游客能够更加轻松愉快地享受户外运动和观光旅游带来的乐趣。

总之，在工业革命以前，人们的日常生活大多围绕着繁重的体力劳动与基本

的生活需求展开,鲜有闲暇时间去追求更高层次的精神享受。然而,随着工业革命的到来,机器生产取代了大部分人力劳动,生产效率的提高使得人们有了更多的自由时间。于是,休闲、健身、娱乐等活动开始逐渐走进人们的日常生活,成为一种新的时尚潮流。无论是上层社会的绅士淑女,还是底层的普通劳动者,都开始注重生活品质的提升与身心健康的培养。在这样的背景下,各种形式的室内体育娱乐项目和户外体育娱乐项目得到了极大的发展,为人们提供了更加丰富多样的休闲方式。

二、20 世纪体育旅游的发展

20 世纪初,西方发达国家的体育健身娱乐业逐渐发展,并形成了一定的规模。这一时期,体育健身娱乐业已经成为部分西方国家国民经济的重要组成部分。例如,在 20 世纪 20 年代末,美国的休闲娱乐业已经成为国家收入的重要来源。第二次世界大战结束后,和平与发展成为时代主题,各国经济都在快速恢复,这为体育旅游业的发展创造了良好条件。滑雪运动是这一时期体育旅游业快速发展的一个典型代表。截至 20 世纪末,全球滑雪爱好者已超过 4 亿人,滑雪行业的年收入更是超过了百亿美元。在欧美地区,滑雪旅游已成为冰雪资源丰富国家的重点发展产业。

亚洲经济发展水平相对较高的国家,如日本和韩国,在很多旅游点设立了各种形式的体育娱乐项目,并建成了相应的体育设施,为旅游者提供丰富的健身娱乐服务。此外,在这些国家,各种形式的回归自身的户外运动也越来越普及。

20 世纪 70 年代,美国学者阿尔文·托夫勒在《未来的冲击》一书中将体验经济的概念提了出来。体验经济是继农业经济、工业经济、服务经济后的另一大经济形式。1999 年,美国经济学家约瑟夫·派恩和詹姆斯·吉尔摩较为全面地解释了体验经济,并将体验经济会取代服务经济的观点提了出来。

在 20 世纪末期,随着中国双休日、带薪年假、十一黄金周等节假日的增多,休闲度假成为人们生活的重要组成部分。随着经济的发展,人们的可支配收入不断增加,这为体育旅游的发展奠定了基础,人们通过参加体育旅游达到娱乐、健身等目的。体育运动项目具有较强的观赏性,人们在观赏高水平的体育赛事时,往往能够获得心理的满足。因此,观赏体育旅游业逐步兴起。在奥运会、世界杯等高水平大型赛事举办期间,观赏性体育旅游者大量增多。在举办这些大型国际赛事时，举办国往往会利用这一机会，积极开发体育旅游项目，使各方都能够寻获商机，促进当地经济的发展。

很多学者认为，未来将是体验经济的时代，人们会更加注重消费过程中的情感体验。传统的旅游业模式相对较为单一，人们参与时并不能完全融入其中。而体育旅游业具有鲜明的体验性，旅游者能够充分参与其中，这顺应了经济发展的需求，因此得到了快速的发展。

三、21 世纪至今体育旅游的发展

2008 年北京奥运会后，中国体育旅游事业得到了飞速发展。近年来，国家又颁布了一系列政策措施来支持体育旅游的发展，加上各项国内外大型体育赛事的举办，使得人们参与体育旅游的热情持续高涨，国内体育旅游业的热度迅速升温。此后，2022 年北京冬奥会的成功举办，又一次吸引了大量的体育旅游人群，不仅带动了国内冰雪产业的持续升温，也刺激了相关消费市场的活跃，使得冰雪旅游成为虎年春节期间的一大消费亮点，奥运会观赛旅游也成了热门的体育旅游项目，吸引了来自世界各地的游客参与其中。

在中国广袤无垠的土地上，不仅孕育了五千年的中华文明，还拥有着得天独厚、丰富多彩的体育旅游资源。东北地区的冬季，白雪皑皑、寒风凛冽，正是这样的自然环境，孕育了独具特色的冰雪体育旅游。在东北，冰雪运动早已融入人们的日常生活，无论是滑雪、滑冰还是雪地足球，都成为人们冬季娱乐的重要方式。与此同时，沿海地区则成了海滨体育旅游的理想之地。这里的海滩宽广、沙质细腻、海水清澈，为海滨运动提供了得天独厚的条件，冲浪、帆船、潜水等水上项目成为游客们争相体验的运动。在中西部地区，那些连绵不绝的山脉，为山地体育旅游提供了丰富的资源。这些地方的山峰陡峭、林木茂密、空气清新，为徒步、攀岩、登山等户外运动提供了优越的条件。

2014 年，国务院印发了《关于加快发展体育产业促进体育消费的若干意见》；2016 年，国务院办公厅印发了《关于加快发展健身休闲产业的指导意见》，对水上运动、山地户外运动、航空运动、冰雪运动和汽车摩托车运动等户外运动进行了重点阐述。水上运动、山地户外运动、航空运动是健身休闲业中供需两端都具备相当基础和潜力的产业，在空间上代表了"水""陆""空"3 个层次的不同特色。

2016 年，国家体育总局等多部门通力协作出台《水上运动产业发展规划》《山地户外运动产业发展规划》《航空运动产业发展规划》三个规划及下一步落实工

作，有利于推动国内健身休闲产业全面提质增效，引领体育产业向纵深发展，加快体育领域供给侧结构性改革，实现全民健身和全民健康深度融合，推动健康中国建设。

2017年，国家体育总局办公厅发布《关于推动运动休闲特色小镇建设工作的通知》指出，要"在全国扶持建设一批体育特征鲜明、文化气息浓厚、产业集聚融合、生态环境良好、惠及人民健康的运动休闲特色小镇；带动小镇所在区域体育、健康及相关产业发展，打造各具特色的运动休闲产业集聚区，形成与当地经济社会相适应、良性互动的运动休闲产业和全民健身发展格局"，"聚焦运动休闲、体育健康等主题，形成体育竞赛表演、体育健身休闲、体育场馆服务、体育培训与教育、体育传媒与信息服务、体育用品制造等产业形态"，"具备成熟的体育赛事组织运营经验，经常开展具有特色的品牌全民健身赛事和活动，以独具特色的运动项目文化或民族民间民俗传统体育文化为引领，形成运动休闲特色名片"，"实现体育旅游、体育传媒、体育会展、体育广告、体育影视等相关业态共享发展，运动休闲与旅游、文化、养老、教育、健康、农业、林业、水利、通用航空、交通运输等业态融合发展，打造旅游目的地"，"通过当地体育特色产业的发展吸纳就业，创造增收门路，促进当地特色农产品销售，在体育脱贫攻坚中树立示范"，"自然资源丰富的小镇依托自然地理优势发展冰雪、山地户外、水上、汽车摩托车、航空等运动项目；民族文化资源丰富的小镇依托人文资源发展民族民俗体育文化。大城市周边重点镇加强与城市发展的统筹规划与体育健身功能配套；远离中心城市的小镇完善基础设施和公共体育服务，服务农村"。[①]

2022年，国家体育总局、国家发展改革委等八部门印发《户外运动产业发展规划（2022—2025年）》（以下简称《规划》）。《规划》在对户外运动产业进行顶层设计的同时，创新机制、政策和管理方式，破解制约户外运动产业发展的瓶颈，提出了优化户外运动产业发展环境、完善户外运动产业发展布局、优化户外运动产业结构、丰富户外运动产品供给、释放户外运动消费潜力、强化户外运动服务支持等任务。《规划》有如下特点：一是明确全国户外运动产业的空间布局，提出构建"五区三带"的空间布局，即北方冰雪运动引领区、华东户外运动示范区、中部户外运动体验区、华南户外运动休闲区、西南户外运动集聚区以及黄河文化户外运动带、长江水上运动带、滨海户外运动带，形成重点项目突出、比较优势

---

① 体育总局办公厅：《关于推动运动休闲特色小镇建设工作的通知》（https://www.sport.gov.cn/gdnps/files/c25531899/25531911.pdf）。

显著、区域融合互动的发展格局；二是提出户外运动装备器材便利化运输的具体举措，研究探索在部分户外运动目的地为骑行、滑雪爱好者试点提供便利化运载服务；三是提出一批重点培育的户外运动赛事节庆品牌，不断提升中国户外运动产业大会、绿水青山系列休闲赛等户外运动赛事与节庆活动的影响力；四是提出自然资源向户外运动开放试点工程；五是注重户外运动的安全防控和救援体系建设，保障户外运动安全可持续发展。《规划》提出，到2025年，户外运动产业高质量发展成效显著，基本形成供给与需求有效对接、产业与生态协调发展、产品与服务品牌彰显、业态与模式持续创新的发展格局。户外运动场地设施持续增加，普及程度大幅提升，参与人数不断增长，户外运动产业总规模超过3万亿元。到2035年，户外运动产业规模更大、质量更优、动力更强、活力更足、发展更安全，成为促进人民群众身心健康、提升获得感和幸福感、推进体育产业高质量发展和体育强国建设的重要力量。[①]

随着中国体育产业的快速发展，以健身休闲产业为代表的相关业态发展势头强劲，显示出巨大的发展潜力和经济带动力。同时，社会公众参与健身休闲活动的热情持续升温，需求不断增加，亟须扩大健身休闲活动的供给。在各种形式的体育旅游项目中，滨海体育旅游业的发展情况相对较好。中国拥有丰富的海洋和海岸资源，为很多沿海城市开展滨海体育旅游业创造了优越的环境条件。滨海体育旅游业在国内展现出良好的发展势头，并且随着经济社会的发展，其逐渐成为融合滨海休闲、健身娱乐等为一体的独立经济产业形态。国内很多省市的滨海体育旅游产业正向着国际化的方向迈进，每年都会吸引大量的中外游客参与其中。海南省更是以得天独厚的气候条件和资源条件，将本地的体育旅游业在国际上打出较高的知名度。

2023年10月30日，国家体育总局体育文化发展中心发布了《关于入选"2023中国体育旅游精品项目"的通告》。2023年度中国体育旅游精品项目申报工作共收到了31个省区市推介的810个项目，经评选，在全国范围内推选出177个中国体育旅游精品项目，其中景区64个、线路29个、赛事65个、目的地19个，并在此基础上分类推选出61个十佳体育旅游精品项目。

当前，世界各国都已进入了"休闲时代"，体育健身、娱乐旅游等将成为人们的一种重要休闲方式。目前，中国体育旅游产业快速增长，体育旅游市场正成

---

① 体育总局、发展改革委等八部门：《关于印发〈户外运动产业发展规划（2022—2025年）〉的通知》(https://www.sport.gov.cn/n315/n20001395/c24894661/content.html)。

为旅游休闲领域的亮点，一些旅游企业推出了多种国内外体育赛事观光旅游产品，如 NBA 常规赛观赛旅游、英超赛事观赛旅游、大满贯赛事观赛旅游、F1 赛事旅游等。但是，国内的体育旅游市场仍有待进一步开发，预计未来几年，体育旅游市场产值占全国体育旅游收入的比例将持续提升。

第三节　体育旅游者

一、体育旅游者的定义

体育旅游者，顾名思义，是指那些以参与体育活动为主要目的，结合旅游活动进行的旅游者，其具有以下四个方面的内涵。

第一，体育旅游者参与体育旅游活动的主要目的是满足自身的精神享受和现实需要。对于大多数体育旅游者来说，参与体育旅游活动不仅是为了获得身心愉悦，更是为了满足自我实现的精神需求。这是因为在快节奏的现代生活中，人们渴望通过体育旅游活动来放松身心，减轻工作和生活的压力，寻求精神上的满足。同时，体育旅游也符合人们对健康、竞技、探险等方面的现实需求，通过参与各种体育项目，体育旅游者可以锻炼身体，强健体魄，获得成就感和自信心，从而实现自我价值的提升。

第二，体育旅游者在参与体育旅游活动时，参与时间一般都在一天以上。与单纯的体育活动相比，体育旅游活动通常需要较长的时间投入，体育旅游者需要花费一定的时间和精力前往目的地，参与体育活动，并在旅游过程中欣赏当地的自然风光、人文景观等。一般来说，体育旅游活动的参与时间至少在一天以上，有的甚至需要数天甚至数周的时间。这种较长时间的参与使得体育旅游活动具有更加深入的体验性和沉浸性。

第三，体育旅游者参与的是以体育活动为主体的旅游活动。体育旅游与传统的观光旅游或休闲旅游不同，其核心在于体育运动本身。体育旅游者在旅游过程中会将各种体育运动项目作为主要的活动内容，如登山、滑雪、潜水、高尔夫等。这些体育运动不仅是体育旅游的重要组成部分，也是体育旅游者参加活动所追求的主要目标。

第四，人们在参与各种形式的体育旅游活动时，需要一定的成本支出。体育旅游活动通常需要较高的参与成本，包括交通费用、住宿费用、装备租赁费用和活动费用等。这些费用对于普通消费者来说可能较为昂贵，但对于热爱体育运动、追求高品质生活的人群来说，这些费用并不构成太大的阻碍。体育旅游者愿意为了获得独特的体育体验和精神享受而付出相应的成本，因此，体育旅游活动的参与成本也成为区分体育旅游者与普通旅游者的一个重要因素。

二、体育旅游者的类别及特征

体育旅游者的类型多样，具有不同的特点和需求。深入研究和理解这些特征，对于推动体育旅游市场的健康发展和提升旅游企业的市场竞争力具有重要意义。

（一）按体育旅游的外环境类型划分

根据旅游者参与体育旅游的外环境类型进行划分，可将体育旅游者分为以下四种类型。

1. 山地项目型

山地项目型旅游者主要参与在山地环境中进行的户外运动项目，如登山、徒步、攀岩、越野跑等。他们追求在大自然中挑战自我，感受山地环境带来的独特魅力。这类体育旅游者通常具有较强的体力和冒险精神，喜欢在崎岖的山地环境中寻求刺激和满足。他们可能会选择一些知名的山地景区，如喜马拉雅山脉的珠穆朗玛峰、阿尔卑斯山脉的勃朗峰等，在那里体验登高望远、挑战极限的乐趣。

2. 水上项目型

水上项目型体育旅游者主要参与在水上环境中进行的户外运动项目，如游泳、冲浪、皮划艇、帆船等。他们热爱水上运动，追求在碧波荡漾的湖泊、大海或激流中寻找刺激和乐趣。这类体育旅游者可能会选择海滨度假胜地、湖泊风光秀丽的地方，在那里尽情享受水上运动带来的乐趣。

3. 空中项目型

空中项目型体育旅游者主要参与在空中环境中进行的户外运动项目，如滑翔、跳伞、热气球等。他们追求在天空中飞翔的刺激与自由，享受鸟瞰大地的独特视角。这类体育旅游者可能会选择一些适合进行空中运动的目的地，如风光秀丽的山区、广阔的平原等。不过，这类体育旅游者的数量相对较少。

4. 冰雪项目型

冰雪项目近年来在国内也展现出了良好的发展势头，尤其是2022年北京冬奥会的成功举办，吸引了更多的人参与到冰雪项目中。冰雪项目受到季节的影响，在我国东北地区开展较为广泛，常见的冰雪项目包括滑雪、滑冰等。

（二）按运动强度及危险性划分

1. 休闲健身型

休闲健身型体育旅游者主要侧重于选择那些强度相对较低，娱乐性相对较高的体育项目，从而使其忘却日常生活中的烦恼，并借此来增强体质，达到健身的目的。值得注意的是，休闲健身型体育旅游者的参与动机主要是为了放松身心，而非追求竞赛成绩，他们更看重的是活动过程中的体验和感受，而非最后的成绩和排名。这也使得这一类型的体育旅游者更加注重个性化和差异化。

2. 技术竞赛型

对于技术竞赛型体育旅游者来说，参与体育旅游活动的目的并非单纯地享受旅行和休闲，而是追求更好的运动成绩和更高的排名。他们往往会提前进行充分的训练和准备，以确保在比赛中能够发挥出最佳状态。这种强烈的竞争意识和追求卓越的强大动力，成为他们参与体育旅游活动的初心。这类体育旅游者偏向于参加帆船、定向越野、滑雪等需要较高运动技能的项目。

3. 冒险刺激型

冒险刺激型体育旅游者往往偏爱那些挑战性极强的活动，这些活动通常具备高风险、高刺激的特点，能够让他们感受到前所未有的兴奋与满足。

（三）按年龄阶段划分

1. 少年儿童体育旅游者

少年儿童体育旅游者是一个特殊的群体，他们在参与体育旅游活动时，通常是在家长和学校的引导与支持下进行的。他们所参与的体育旅游活动通常时间不长，强度也较低，更多的是注重培养孩子的兴趣和乐趣。例如，在夏令营中，孩子们可以参加各种趣味运动项目，包括水上乐园、篝火晚会等，在欢声笑语中培养孩子的团队精神和社交能力。

2. 青年体育旅游者

现如今，青年体育旅游者已经逐渐发展成为旅游市场中的一股不可忽视的力量，他们不再满足于传统的观光旅游模式，而是渴望在旅行中融入更多的体育元素，通过运动来探索未知、挑战自我，进而实现自我价值的提升和精神的满足。这一群体的显著特征便是他们对于时尚的敏锐嗅觉和不懈追求。在体育旅游的选择上，他们更倾向于那些充满时尚气息、能够彰显个性与活力的运动项目，如漂流、越野、登山等。

3. 成年体育旅游者

成年人作为体育旅游的主要参与者之一，他们通常具备相对较强的经济实力和较好的身体素质，这为他们选择多样化的运动项目提供了条件。相较于青少年和儿童，成年人在体育旅游方面更倾向于选择具有挑战性和刺激性的运动，如徒步旅行、登山、潜水等，这些活动不仅能够锻炼身体，还能增添冒险和探索的乐趣。

4. 老年体育旅游者

近年来，老年体育旅游者的人数正在逐步增多，已成为体育旅游者的重要组成部分。老年人的体力相对较弱，可以多参加一些相对平和的运动项目，如钓鱼、自行车骑游等。随着人们生活水平的不断提高，老年人参与体育旅游的积极性也在不断增强。未来，参与体育旅游的老年人人数将会不断增加，针对这一发展现状，我国应积极完善服务老年体育旅游者的体育旅游体系，促进老年体育旅游产业的发展。

第四节　体育旅游产业

一、体育旅游产业概述

（一）体育旅游产业的内涵

体育旅游产业在国内的快速发展是不容忽视的趋势，虽然其起步相对较晚，但在未来几年，它将成为旅游产业的一个重要组成部分，为广大游客提供独特而丰富的体验。体育旅游不仅具备一般旅游项目的特点，还有着独特的魅力和吸引力。体育旅游产业的内涵可归纳为以下三个方面。第一，体育旅游产业的基础是丰富的体育旅游资源。这些资源包括山川湖泊、海滨沙滩等自然风光，以及历史古迹等人文景观。这些资源为体育旅游提供了丰富的场所和环境，吸引了大量的体育旅游者前来体验和探索。第二，体育旅游企业的服务对象主要是体育旅游者。这些旅游者可能是热爱运动的年轻人，也可能是追求健康生活方式的中老年人，甚至可能是整个家庭一起参与的亲子团队。无论是登山徒步、水上运动、冰上运动，还是参加体育赛事、健身训练营，体育旅游企业都致力于为不同需求的旅客提供专业化、个性化的服务。第三，体育旅游产业是一种综合性产业，涵盖多个相关行业。例如，在一个滑雪度假村，除了滑雪场地和设施，还应建有餐厅、酒店、零售店等配套设施，以满足游客的各种需求。

（二）体育旅游产业的构成

体育旅游产业的兴起不仅为体育爱好者提供了丰富多样的活动选择，还极大地促进了旅游产业和体育产业的深度融合与发展。从结构上来看，体育旅游产业可明确划分为直接体育旅游产业和间接体育旅游产业两大类别。

顾名思义，直接体育旅游产业就是与体育旅游者联系最为直接和紧密的企业。旅行社就是直接体育旅游产业中的代表，作为连接体育旅游者与各种体育旅游资源的桥梁，旅行社为体育旅游者提供了一站式的服务，包括行程规划、住宿预订、活动安排等；通信业在直接体育旅游产业中也不可或缺，它保障了体育旅游过程中的信息畅通，无论是旅游信息的发布还是紧急情况的沟通，都离不开通信业的支持；酒店和餐饮业同样是直接体育旅游产业的重要组成部分，优质的住宿和餐饮服务能够提升体育旅游者的满意度，从而增强体育旅游产业的吸引力。

与直接体育旅游产业相比，间接体育旅游产业的服务对象并非直接针对体育旅游者，但这些企业在体育旅游产业的发展中同样扮演着举足轻重的角色。销售企业作为体育旅游商品和纪念品的主要提供者，丰富了体育旅游的文化内涵，也给体育旅游者留下了深刻的印象；游览娱乐企业则通过提供多样化的娱乐项目和设施，为体育旅游者带来更加丰富的旅游体验，进一步增强了体育旅游的吸引力和趣味性。

中国体育旅游产业的构成更加多元化和复杂化，包括体育旅游餐饮住宿业、旅行业务组织部门、交通运输通信业、游览场所经营部门和目的地旅游组织部门。其中，体育旅游餐饮住宿业以其丰富的选择和优质的服务，满足体育旅游者在旅途中的基本需求；旅行业务组织部门则通过专业的团队和精准的市场定位，为体育旅游者提供个性化、专业化的旅游服务；交通运输通信业作为连接各地的纽带，确保体育旅游者的出行安全和便捷；游览场所经营部门和目的地旅游组织部门则通过精心策划和组织各类体育旅游活动，为体育旅游者提供丰富多样的选择，进一步推动了体育旅游目的地的经济发展。

（三）体育旅游产业的性质

在社会主义市场经济蓬勃发展的时代背景下，国内各行各业都在探寻着最适合自身的发展道路，而旅游业作为其中的一股重要力量，其性质更是值得关注。旅游业的根本目标在于推动旅游活动的发展，并为旅游者提供便捷、舒适的服务，从而实现产业收入的增加。这种以营利为目的的经营方式使得旅游企业不仅要提供优质的产品和服务，还要进行精确的经济核算，确保企业的盈利和可持续发展。因此，旅游企业的营利性质是显而易见的，它们需要不断地开拓市场、吸引游客、创造经济价值。当然，旅游业作为国民经济的重要组成部分，其经济性和产业性也是不容忽视的。此外，尽管旅游活动中包含着文化交流和传播的元素，但从本质上讲，旅游业是一种经济性产业，它与其他产业一样，需要遵循市场规律，进行资源配置和竞争合作。

综上所述，体育旅游是现代大众旅游中的一项特殊分支，是旅游业的重要组成部分。体育旅游产业属于经济性产业范畴，有着较为显著的经济属性。具体来说，体育旅游产业是具有经济性质的服务行业，并且将通过为体育旅游者的体育旅游活动提供便利服务而获取经济收入作为根本目的。

（四）体育旅游产业的基本特征

体育旅游产业作为旅游产业中的一个特殊领域，既具有一般旅游产业的共性特点，又有其独有的特征，具体体现在以下六个方面。

1. 综合性

体育旅游产业是一个综合性很强的产业，它不仅包括体育活动本身，还涉及交通、住宿、餐饮、娱乐等众多相关领域。一个成功的体育旅游活动需要各个环节的紧密配合，为游客提供优质的服务。例如，在举办大型体育赛事时，除了场馆本身，还需要考虑交通组织、食宿安排、观众管理等诸多环节，体育旅游产业的综合性由此可见。

2. 服务性

体育旅游产品作为体育旅游产业的核心，其实质就是一种服务。从消费者的角度来说，体育旅游产品服务的消费过程就是一个体验、享受并满足自身需求的过程。无论是参加一场激烈的体育赛事，还是体验一次刺激的户外探险，体育旅游产品所提供的服务都旨在让消费者在参与其中时感受到乐趣。这种体验式的消费正是现代服务业发展的一个重要特征，它不仅要求产品本身具有高度的专业性和安全性，还要求服务提供者能够深入了解消费者的需求，为其打造量身定制的服务体验。

3. 依赖性

体育旅游产业是在经济社会发展到一定程度的基础上形成和发展而来的，其对经济社会的各方面都具有一定的依赖性。具体而言，这一依赖性主要表现在以下三个方面。

第一，体育旅游产业的发展依赖于国民经济的发展，国民经济的发展水平是其产生和发展的重要基础。一个国家和地区的国民经济发展水平不高，则其体育旅游产业的发展必然会受到限制。在国民经济不断发展的基础上，人们的生活水平不断提高，空闲时间逐渐增多，从而在体育旅游消费方面的投入才可能持续增加。

第二，体育旅游产业的发展依赖于相应的体育旅游资源，体育旅游资源是体育旅游产业发展的重要物质基础。例如，东北地区正是依赖于其良好的自然环境条件，才能够开展各种形式的冰雪体育旅游活动；海南岛具有的热带滨海气候条件，促进了当地滨海体育旅游长盛不衰。体育旅游并不是单纯的旅游活动，体育旅游资源是其前提条件。只有区域内具备丰富的体育旅游资源，以及完善的配套设施，才能够促进当地体育旅游产业的发展。总而言之，一个国家和地区体育旅游资源的多少，将在很大程度上影响其体育旅游产业的发展水平。

第三，体育旅游产业是一种综合性的产业，其发展依赖于各部门和行业之间的密切合作，如果没有了其他行业的支持，体育旅游产业的发展也会困难重重。

4. 风险性

体育旅游具有一定的风险性，这也使得体育旅游成为较为敏感的行业之一，从业者通常面临着较大的压力。体育旅游不同于普通旅游活动，其需要旅游者具有一定的体育运动技能和风险防范知识。体育旅游企业各有特色，多以私营企业为主，并且可进行多次消费。同时，体育旅游企业在发展过程中，受到多方面因素的影响，可能会出现一定的亏损。具体而言，体育旅游运营所面临的风险主要表现在以下两个方面。

第一，体育旅游者的需求变化相对较大，体育旅游需求受到自然、政治、经济和社会等方面因素的影响，当这些因素发生变化时，体育旅游消费者的需求就会发生较大变化，从而对体育旅游产业的发展产生较大影响。

第二，体育旅游产业具有很强的依赖性，这就使得其经营活动存在较大的风险。体育旅游产业的发展更加容易受到整体经济发展环境的影响，当整体发展环境较差时，体育旅游产业的发展必然会受阻。

5. 关联性

体育旅游产业与其他相关产业存在着密切的关联性。一方面，它需要依托于交通、酒店、餐饮等配套产业，只有这些产业链条的上下游实现良性互动，体育旅游产业才能健康发展；另一方面，体育旅游产业的发展也会带动相关产业的繁荣，形成良性循环。以2022年北京冬奥会为例，其不仅促进了中国冰雪运动产业的快速发展，还带动了交通、酒店、餐饮等相关产业的同步增长，产生了巨大的经济效益。由此可见，体育旅游产业的关联性特征十分显著。

6. 涉外性

体育旅游产业具有较强的涉外性特点。一些国际性的大型体育赛事，如奥运会、世界杯等，都会吸引来自世界各地的游客前来观看和参与，这不仅扩大了赛事的影响力，也为当地旅游业带来了巨大商机。同时，涉外性也要求体育旅游服务提供者具备较强的跨文化交流能力，能够为不同国籍、不同背景的游客提供优质服务。此外，体育旅游产业还会带动相关的文化交流与传播，增加国与国之间的相互理解与友谊。

（五）体育旅游产业的作用

体育旅游产业作为推动旅游产业发展的关键力量，在经济、社会和文化等各个方面发挥着重要作用。当然，其所产生的作用既有正面的也有负面的，但在这里，我们主要论述体育旅游产业的正面作用。

1. 供给作用

体育旅游产业的供给作用指的是通过提供丰富多样的体育旅游产品，在推动体育旅游的规范化和市场化发展的同时，也使体育旅游活动得到了更广泛的普及。一方面，不同类型的体育旅游产品吸引了更多细分市场的参与者，如运动爱好者、亲子游客等，这不仅扩大了体育旅游的受众群体，也带动了相关产业的发展；另一方面，体育旅游产品的多样性也满足了不同游客的个性化需求，使得更多人能够找到适合自己的体育旅游项目。综上所述，体育旅游产业的供给作用为体育旅游健康有序发展奠定了基础。

2. 组织作用

体育旅游市场的形成得益于相关组织的积极推动和规范管理。各级政府、体育组织、旅游机构等都在积极推动体育旅游的发展，其通过组织各类体育赛事、活动和旅游线路，为市场提供丰富多样的选择，满足了不同群体的消费需求。同时，这些机构也在市场监管和服务管理方面发挥了重要作用，保障了市场的正常运转和健康发展。

3. 便利作用

体育旅游这一新兴产业的蓬勃发展，与其所具备的便利作用紧密相连。体育旅游产业的便利作用首先体现在旅游活动的开展上，它通过完善的服务体系和设施，让游客能够轻松参与各类体育活动，享受运动带来的乐趣和满足感。体育旅游产业的便利作用还体现在其对经济发展的促进上。为了给旅游者带来更便利的服务，体育旅游产业需要投入大量的资金和人力，此举不仅为相关产业链带来了大量的就业机会，也为地方经济注入了新的发展活力。

二、体育旅游产业发展的影响因素

（一）自然条件与自然资源是体育旅游产业发展的前提

1. 自然资源和自然条件是体育旅游产业发展的物质基础

在体育旅游这一产业的发展过程中，自然资源和自然条件的作用显得尤为突出，它们不仅为体育旅游活动提供了必要的物质基础，还深刻影响着体育旅游的形式和规模，为各类体育旅游项目的开展提供了广阔的空间和可能性。

2. 自然资源和自然条件决定了体育旅游产品的特色与优势

每个地区都有其独特的自然资源和自然条件，在这些因素的共同作用下，各地的体育旅游产品才会具有其独特的特点和优势。例如，海滨城市可以开发水上运动项目，如冲浪、帆板等，而山区则适合开展登山、徒步等户外运动。

（二）地理位置是体育旅游产业发展的外部因素

1. 独特的地理位置是体育旅游产业发展的外部条件

地理位置在体育旅游的发展中起着至关重要的作用，不同地区的地理特点直接影响着当地体育旅游项目的类型和内容。例如，中国北方地区由于气候条件的特殊性冬季较为寒冷，因此，冰雪活动成为其体育旅游的一大特色；与之相反，南方多雨地区则因其丰富的水资源而以水上活动为主。

2. 地理位置影响体育旅游产品的特色与竞争力

地理位置是体育旅游产业的重要因素之一，它直接影响着体育旅游产品的特色和竞争力。在全球范围内，各地因地理位置的不同，从而使得其自然资源和人文资源也各不相同，这为不同地区的体育旅游产品赋予了独有的魅力和竞争优势。

（三）旅游产业的实力是体育旅游产业发展的坚实基础

1. 旅游产业的发展程度直接影响体育旅游产业的发展水平

一个地区体育旅游产业的发展水平与当地旅游产业的发展程度息息相关，旅游产业发达的地区往往有着便捷的交通网络、完善的接待设施和优质的旅游服务，这些基础设施的建设与完善，为体育旅游活动的开展提供了极大的便利。例如，一条畅通的公路或铁路线路，能够确保体育旅游者在短时间内到达目的地；优质的住宿条件则能让参与高强度体育活动的旅游者在舒适的环境中得到充足的休息；丰富的餐饮选择则能满足不同旅游者口味的需求，提升其旅游体验。

2. 旅游产业的实力影响区域体育旅游产业的发展水平和方向

一个地区旅游产业的实力对于区域体育旅游产业的发展水平和方向具有显著影响。旅游产业发达的地区往往能够投入更多的资金和技术力量，用于体育旅游基础设施的建设和完善。与此同时，其还拥有更强大的研发团队，能够根据市场需求和游客喜好，不断创新和开发出具有地方特色的体育旅游产品。

（四）基础设施是体育旅游产业发展的必备条件

1. 基础设施是影响体育旅游活动开展的直接因素

体育旅游活动的开展离不开相应的硬件设备和场地设施，而基础设施的完善与否直接影响着体育旅游产业的发展水平和竞争力。

2. 完善的基础设施能够提升体育旅游产品的质量与竞争力

一方面，完善的基础设施提升了体育旅游目的地的吸引力。当游客选择体育旅游目的地时，他们往往会考虑目的地的基础设施是否完备，因此，一个拥有先进设施和完善服务的目的地，能够给游客带来更加舒适便利的体验，从而增加游客的满意度。相反，如果基础设施不完善，游客可能会因为各种不便而选择其他目的地，导致体育旅游产品的竞争力下降。另一方面，完善的基础设施提升了体育旅游产品的品质。在体育旅游中，游客往往期待能够在安全、舒适的环境中享受体育活动。如果基础设施不完善，如体育场馆设施老化、交通不便等，可能会影响游客的体验质量，甚至带来安全隐患。而拥有完善基础设施的目的地，能够为游客提供更加安全、舒适的体育旅游体验，提升产品的质量和竞争力。

第五节 体育旅游资源

一、体育旅游资源的概念

体育旅游资源作为体育旅游发展的物质基础，其包括多个方面的内容。首先，体育旅游目的地是体育旅游资源的核心组成部分。这些地区往往具有丰富的自然和人文景观，如风景秀丽的山区、广袤的草原、历史悠久的古镇等，这些特色景观吸引了大量的体育旅游者前来观光游览，参与各类体育旅游活动。其次，体育旅游设施是体育旅游资源的重要组成部分，包括各类运动场馆、训练基地、体育器材和相关的服务设施等。完善的体育旅游设施能够为旅游者提供高质量的体育旅游服务，满足不同层次旅游者的差异化需求。同时，设施的建设与维护也是体现一个地区体育旅游发展水平的重要标志，通过不断提升设施的品质，能够吸引更多的旅游者，促进体育旅游产业的持续发展。最后，体育旅游项目也是体育旅游资源的重要内容。这些项目不仅包括已经开发利用的各种体育活动，如登山、冲浪、马术等，还包括一些具有潜力的资源，这些潜力资源能够为体育旅游者提供新鲜的探索体验，满足他们不断升级的需求。例如，人迹罕至的山区为探险爱好者提供了独特的自然环境；废弃的工业厂房为极限运动爱好者创造了全新的运动场地。

二、体育旅游资源的分类与功能

（一）体育旅游资源的分类

1. 按自然资源分类

（1）地表类

地表类体育旅游资源主要包括山地、丘陵、平原等地形地貌资源，以及户外运动场地、赛道、训练基地等人工设施资源。这类资源为登山、攀岩等体育活动提供了天然的舞台。

（2）水体类

水体类体育旅游资源主要包括海洋、湖泊、河流等水域资源，以及游泳池、人工湖等人工水体资源。这类资源为游泳、冲浪、划船、钓鱼等水上运动提供了天然的场所。

（3）生物类

生物类体育旅游资源主要包括可供观赏、参与的动物和植物资源。这类资源为一些特殊的体育活动，如观鸟、探险、狩猎等提供了条件。

（4）宇宙类

宇宙类体育旅游资源主要指太空、星体、天体异象、太阳风暴等。由于目前的科学技术水平有限，只有极少数人可以参与太空飞行、太空摄影、太空行走登月探险等活动。但随着人类航天技术的不断发展和进步，在将来一定能够将太空旅游大众化。

2. 按人文资源分类

（1）历史类

历史类体育旅游资源主要指古人类遗址、古建筑、古代伟大工程、古城镇和石窟岩画等，其可开展的体育旅游项目包括考古探险、徒步穿越、驾车文化溯源等。

（2）民俗类

民俗类体育旅游资源主要指民族风情、民族建筑、社会风尚、传统节庆、起居服饰、特种工艺品等，其可开展的体育旅游项目包括射箭、赛马、摔跤、荡秋千、推杆、民族歌舞竞赛等。

（3）园林类

园林类体育旅游资源主要指特色建筑、长廊、人工花园、假山、人工湖等，其可开展的体育旅游项目包括野营、野炊、垂钓、划船、定向穿越、丛林激光枪战等。

（4）文化娱乐类

文化娱乐类体育旅游资源主要指动物园、植物园、游乐场所、狩猎场所和文化体育设施等，其可开展的体育旅游项目包括野营、野炊、垂钓、划船、定向穿越和观赏体育赛事等。

3. 按活动类型资源分类

（1）观赏类

精彩的体育节庆和赛事会吸引大量的观赏型体育旅游者前来观看，观众就是观赏性的体育旅游者，如观看奥运会、世界杯、全运会等。

（2）竞技类

竞争激烈的体育赛事吸引运动员、教练员欣然前往，运动员和教练员在时间、空间、活动内容方面也符合体育旅游的统计标准。

（3）体验类

轻松有趣的休闲方式也能够吸引人们前来体验，如大多数的野营野炊爱好者和自驾游爱好者就为寻求一种经历，追求一种感受，而选择轻松的体育旅游项目。

（4）探险类

探险活动通过向自身极限和大自然发起挑战，战胜自我，以获得"高峰体验"来达到自我实现的目的，如登极高山、无氧攀登、洞穴探险等。

（二）体育旅游资源的功能

1. 体育旅游资源的吸引功能

体育旅游资源不仅具有独特的地理特征和文化内涵，还能为体育旅游者提供多样化的运动体验，这些多样化的资源使得体育旅游充满了无穷的魅力，吸引着越来越多的人参与其中。然而，值得注意的是，体育旅游资源的吸引力并非一成不变。随着时代的发展和人们需求的变化，体育旅游资源也需要不断地进行创新和完善，以此来维持其吸引力。

2. 体育旅游资源的效益功能

体育旅游资源不仅为体育旅游产业带来经济效益，还对整个社会经济体系和自然环境产生了深远的影响。首先，体育旅游资源的开发和利用直接促进了旅游业的发展，为当地经济带来了可观的收入。现如今，许多国家都将旅游业视为支柱产业或经济增长点，因此，体育旅游资源的开发同样也被视为重要的经济战略。这些资源吸引了大量的游客，带动了相关行业的发展，如酒店业、餐饮业、交通业等，形成了以体育旅游为核心的产业链条，为当地创造了就业机会，提高了居民的收入水平，推动了经济的持续增长。其次，体育旅游资源的开发还带来了社会效益。例如，体育旅游景区的建设不仅提升了城市的形象和吸引力，还促进了城市的可持续发展。最后，体育旅游资源的开发还带来了生态效益。在开发过程中，需要充分考虑资源的保护和可持续利用，并采取有效措施保护自然环境，维护生态平衡。通过合理规划和管理，体育旅游资源的开发可以实现生态环境的恢复和改善，保护濒危物种和生态系统的多样性，为后代留下了美丽的自然景观和丰富的生态遗产。

第二章 中国体育旅游产业发展现状与趋势

中国体育旅游的发展较为不充分,与发达国家相比仍有一定的差距。随着社会经济发展水平的提高,人们对体育旅游产品的需求不断增加,这就促使体育旅游产业快速发展起来。然而,受到多种因素的影响,中国体育旅游产业同时也面临着许多问题和挑战。本章为中国体育旅游产业发展现状与趋势,分别介绍了中国体育旅游产业发展的基本现状、中国体育旅游产业发展中存在的问题、中国体育旅游产业发展的趋势策略三个方面的内容。

第一节　中国体育旅游产业发展的基本现状

中国体育旅游产业起步较晚但发展迅速。当前，中国体育旅游产业发展的基本现状主要包括以下三个方面。

一、形成了体育旅游产业持续增长的趋势

体育旅游产业的市场与经济全球化的步伐紧密结合，使得体育旅游呈现出国际化特色。由于经济发展水平不断提高，人们对生活品质提出更高要求，促使人们对体育旅游产业的需求变得更加强烈。

现阶段，我国体育旅游主要涉及国内旅游活动，但同时也吸引了一部分外国游客的参与。虽然入境的游客数量不多，占比也相对较低，但外国游客对体育旅游活动，如高尔夫、滑雪等有着较为强烈的需求。此外，在国外开展的大型体育赛事也成为中国体育旅游产业蓬勃发展的助推器。一些具有独特魅力和文化底蕴的体育项目受到人们的广泛关注，使得许多旅游者选择参与这些项目，从而促进了中国体育旅游产业的快速发展。近年来，中国政府加大了对体育旅游产业的扶持力度，积极培育并大力发展体育旅游项目。越来越多的城市和地区开始重视体育旅游资源的开发和利用，通过举办各种体育赛事和活动，吸引了众多游客前来参观和体验。与此同时，一些新兴体育项目，如滑雪、攀岩等逐渐成为人们关注的焦点，并受到广泛青睐。

在经济全球化的大背景之下，体育旅游产业展现出强劲的增长势头。目前国内对体育旅游产业的研究还比较少，但是它作为一项新兴的朝阳产业，正在迅速崛起，并成为许多国家和地区新的经济增长点。展望未来，随着体育旅游产业的持续壮大和进步，为了更有效地满足众多游客的期望和需求，我们必须持续深化国际合作并不断增强产业竞争力。

二、有一定的经济价值和社会价值

在现代社会背景下，体育旅游作为一种新兴的休闲度假方式，在中国体育界已经开始崭露头角，并展现出良好的发展势头，成为人们生活中不可或缺的一部分。体育旅游产业具有广阔的发展前景，对拉动国民经济增长有着十分显著的作用。

目前，中国体育旅游产业在国民经济中的地位日益凸显，已经成为新时期国家拉动内需和扩大投资的重要手段之一。一方面，该措施有效地扩大了就业市场，为社会创造了众多的就业岗位，在一定程度上还可以增加居民收入；另一方面，体育旅游的兴起也促进了相关行业的发展，如酒店业、餐饮业、交通业等。

国内很多地区都在努力推进体育旅游产业的发展，并且已经取得了很好的效果。以广东省为例，珠三角是国内最大的体育产业市场，而粤西南则拥有全国数量最多的体育项目，这些区域的体育旅游活动不仅成功地吸引了众多的游客，同时也为当地创造了相当可观的经济收益。

值得一提的是，体育旅游产业的发展不仅推动了经济的进步，还为中国体育事业的发展注入了新的活力。通过参与体育旅游活动，人们可以更加深入地了解和体验体育运动的魅力，从而增强对体育的热爱。此外，体育旅游也为中国体育产业的发展提供了更广阔的市场空间，为体育产业的创新和发展提供了有力支撑。

综上所述，体育旅游产业的进一步发展对于中国经济和社会的发展具有重要意义。我们应该充分利用现有的资源优势，加强人才培养和基础设施建设，推动体育旅游产业的持续健康发展。同时，我们也应该积极探索新的发展模式和路径，为体育旅游产业的未来发展注入新的动力。

三、初步建立了多样化的体育旅游产品体系

体育旅游作为一种新型的旅游形式，是旅游业与体育事业相结合的产物，它既具有一般旅游所共有的特征，又有自身的特色和优势。体育旅游产业形态正日趋成熟，并形成了较为完善的产业链条。

首先，从本质上讲，体育旅游是一种观赏性旅游活动。在这里，观赏性旅游活动通常是指现场观看那些规模庞大的体育比赛和体育演出。例如，世界杯、奥运会等大型赛事的举办，都会引起巨大反响，吸引众多观众前往观赛，为他们提供令人兴奋和震撼的视觉感受。除此之外，蹦床和跳水等具有高度观赏价值的体育活动也赢得了游客的广泛喜爱。在体育旅游中，除了传统体育项目外，还出现了许多具有独特魅力的运动项目，如滑雪、攀岩、花样游泳等。这些表演项目不仅展示了运动员的高级技能，还为观众带来了视觉上的愉悦体验。

其次，体育旅游以其普遍性和广泛性而备受推崇。在中国，各种普遍性的旅游活动在不同的地区都存在，这为游客带来了丰富的旅游选择。作为一项集健身、休闲娱乐、观赏于一体的体育运动项目，冰雪运动在国内逐渐普及和壮大，越来

越多的游客开始参与冰雪运动，体验冰雪所带来的各种乐趣。除此之外，户外徒步和骑行等体育旅游活动不仅为游客提供了一个在运动中体验大自然之美的机会，还有助于锻炼身体。

最后，体育旅游的兴起，不仅为大众带来了更丰富的旅行选择，同时也促进了体育产业的进步。众多体育公司逐渐进入旅游行业，为游客带来更为专业和高质量的体育旅游产品和服务。体育旅游将体育运动与旅游相结合，满足了消费者对健康养生、休闲度假的需求，同时也拉动了地方经济增长。

总之，体育旅游产业作为一种新兴产业，正在逐渐崭露头角。它以体育为核心，为人们提供了全新的旅游体验，同时也为体育事业的发展和地方经济的增长注入了新的活力。随着人们对健康和休闲方式的追求不断提高，相信体育旅游将在未来获得更加广阔的发展空间。同时，我们也需要不断完善体育旅游的产品体系和服务质量，为游客提供更加优质化、个性化的旅游体验。

第二节　中国体育旅游产业发展中存在的问题

中国体育旅游产业的发展，已经获得了一定的成果，但与此同时，还存在如下问题需要解决。

一、体育领域内的旅游规划缺乏针对性

旅游信息公共平台利用移动互联网技术，以用户需求为核心，整合各种旅游资源，并向大众发布相关信息，不仅能够提供电子机票、虚拟旅游社区、实时监控等功能，还提供政府监管、商家资源共享、旅游信息订购等一站式综合旅游信息服务。政府积极推动和指导相关企业构建不同功能侧重的旅游信息服务平台，同时也进一步加强对旅游信息系统建设的监督和管理，使其能够更好地为游客服务，从而促进旅游业健康稳定发展。尽管如此，体育旅游在其发展阶段还没有得到针对性的规划和指导，这导致了某些地方的旅游项目在其发展中遭遇了一些挑战。同时，国内部分城市还没有建立起完善的体育产业体系，因此，在发展体育旅游时也会遇到各种问题和阻力。这些问题主要涵盖布局的不合理性、定位的不精确性、缺少独特性、管理方式的粗放性，以及整体景观的整合度较低和缺乏整体的和谐性等方面。这些问题的存在不仅妨碍了旅游资源的高效使用，导致了旅

游资源的浪费，也给体育旅游产业的进一步发展带来了障碍，不利于中国经济发展水平的提升和综合国力的增强。

为了应对这些挑战，首先，政府需要强化对体育旅游产业的整体规划和引导，制定出科学且合适的发展蓝图，以防止无目的的扩张和资源的浪费。其次，加大宣传力度，提高我国居民对体育旅游的认知度，增强各方参与意识。旅游公司应当重视提高服务的品质和产品的创新，以更好地满足各种游客的需求。最后，加强不同行业之间的合作和交流，以共同促进体育旅游产业的持续发展，更加重视对旅游资源的维护和使用，以确保旅游行业发展的稳定性。

中国经济建设水平不断提升，人们生活质量逐渐提高，旅游信息公共平台在促进旅游行业发展的过程中起到了至关重要的作用。通过加大政府的支持引导力度、鼓励企业创新和加强行业间的合作，我们有能力有效地解决体育旅游产业发展过程中遇到的各种问题，从而促进体育旅游产业的持续健康发展，并为游客提供更加高质量和个性化的旅游体验。另外，通过加大宣传力度，提升中国体育旅游品牌影响力，进一步提高中国体育旅游产业的国际竞争力，实现体育旅游产业快速崛起。

二、政府引导以及部门之间的协管机制存在短板

体育旅游产业是一个将体育和旅游两个不同领域结合在一起的综合性产业，是从事体育旅游项目的经营活动及其相关服务的总称，包括体育比赛表演及健身休闲娱乐等多种类型。此外，体育旅游产业的发展还涉及交通、餐饮、住宿、文化传媒等多个领域，因此，体育旅游产业的发展具有显著的综合性。

政府在这个产业发展过程中的角色是不容忽视的。为了促进体育旅游产业的持续发展，政府相关部门有必要构建一套高效协同的管理机制。这种机制不仅需要确保各个部门之间的协同合作，还必须能够最大化地利用和整合各种资源，为体育旅游产业的发展提供坚实的支撑。

但是，就目前来说，现行的协调管理机制仍有一些明显的短板，各个部门之间在资源协同、信息交流和政策实施方面存在一定的不足，这些不足都在某种程度上限制了体育旅游产业的进一步发展壮大。另外，体育旅游产品的设计与开发也存在一些问题，导致其不能满足人们对健康生活方式的追求，阻碍了体育旅游产业更好地向前发展。

因此，为了应对这些挑战，政府相关部门应当构建一个更有针对性的管理策略。通过分析当前中国体育旅游产业政策中存在的问题，提出相应的对策。首先，需要对政策体系进行完善，制定相应的法律法规，确保相关制度的实施。其次，需要增强各部门之间的交流与合作，消除信息的壁垒。最后，还要重视对相关专业人才的培养和引进，促进人才结构优化配置，从而提升中国体育旅游产业的发展水平。

具体来说，政府部门可以采取以下措施：一是制定体育旅游产业发展规划，明确产业发展的目标、重点和措施；二是加大对体育旅游产业的扶持力度，通过财政、税收、金融等手段，为产业发展提供强有力的支持；三是加强体育旅游市场的监管，规范市场秩序，保护消费者权益；四是加强体育旅游人才的培养和引进，提高产业的整体素质和创新能力。

总之，体育旅游产业作为一个综合性的新兴产业，其发展前景广阔。政府部门需要充分意识到这一产业的重要性，加强政策引导和支持，推动体育旅游产业的快速发展，为经济社会的持续健康发展注入新的活力。

三、体育旅游产品体系不健全

体育旅游产业的产品结构仍需进一步完善，如何提升体育旅游产品的市场竞争力，可以从以下四个关键方面进行探索。

首先，目前的体育旅游产品在观赏性方面有待进一步开发。所谓观赏性是指人们对体育运动项目或运动过程所表现出来的美感和艺术效果的感知与体验。在当下的体育旅游领域，尽管有各种各样的体育活动和项目，但真正具有观赏价值的产品却是少之又少。导致这种情况的原因是多方面的，其中最主要的一点就是缺乏对观赏性产品的深入系统研究。

其次，体育旅游产品呈现出明显的重复性特点。在旅游市场中，我们观察到众多的体育旅游产品主要聚焦于几个受欢迎的体育赛事，这使得体育旅游产品无法得到广大消费者的认同，也不能满足他们日益提高的精神文化需要。国内体育旅游产业存在着严重的同质化现象，导致竞争异常激烈。由于项目和产品具有高度的相似性，游客很难找到真正满足自己兴趣需求的产品。

再次，体育旅游产品的运行周期漫长，更新频率也相对较低，导致产品的更新速度无法满足快速变化的市场需求和游客的实际需求。

最后，体育旅游产品的资源整合不充分。在体育旅游领域，资源整合是一项至关重要的工作。然而，当前部分体育旅游产品在资源整合方面存在短板。例如，一些产品缺乏与周边旅游资源的有效整合，导致游客在参与体育旅游活动时无法充分体验到当地的文化和风情；一些产品缺乏与其他体育旅游产品的协同合作，使得整个体育旅游产业链的发展受到制约。

综上所述，体育旅游领域的产品体系存在缺乏观赏性、重复性严重、更新频率低和资源整合不充分等问题。为了推动体育旅游产业的健康发展，我们需要加强产品创新和技术支持，提高产品的差异性和观赏性；同时，也需要加强资源整合和协同合作，促进整个体育旅游产业链的良性发展。只有这样，我们才能为游客提供更加丰富、多样、高质量的体育旅游产品，满足他们日益增长的需求。

四、行业制度建设不完善

体育旅游产业的发展缺乏针对性，没有建立完善的体育旅游体系，这导致体育旅游产业的发展受到一些负面因素的影响。体育旅游行业制度的建设不完善，这可以从以下两个方面来阐述：第一，部分体育旅游公司缺少有针对性的审批流程。为了保证体育旅游活动的顺利开展，必须有一套完整的制度体系作为保障，其中包括法律法规和管理制度两个方面。第二，部分体育旅游公司尚未构建全面的安全评估机制。在当前阶段，户外活动和其他相关项目存在着一定的安全风险，由于没有建立专门的安全准则，部分旅游公司出现了一些不遵守规定的行为，这直接威胁到消费者的人身安全，因此，有必要加强相关安全体系的建设。

五、旅游营销宣传力度不够

从营销的角度来看，中国体育旅游产业的发展轨迹深受传统旅行社模式的影响。在过去几十年间，中国体育旅游产业始终处于粗放式经营阶段，存在产品同质化问题。在营销策略方面，这种影响表现得相对明显，中国体育旅游产业在这方面的策略显得比较保守，缺少创新性和前沿性。

在宣传策略方面，中国体育旅游产业的推广方式相对单调，缺少多元性和创新性，因此难以引起大众的关注。另外，由于区域之间经济发展水平差异较大，但体育旅游产品差异化不明显，因此无法形成有效的宣传竞争力。

为了实现体育旅游产业的快速发展，需要通过多样化的市场营销途径来取得重大突破，从多方面入手，构建一个多层次的传播体系，以取得良好的宣传效果。一方面，政府借助其巨大的影响力，来宣传体育旅游的健康观念和社会价值；同时，企业也可以通过市场推广活动，宣传体育旅游的特定产品和服务。另一方面，景区宣传和旅游地的整体形象也应有效结合。在宣传过程中，不仅要突出景区的特色和魅力，还要将旅游地的整体形象呈现给消费者，让消费者对旅游地有更全面、深入的了解。这种有机结合的宣传策略不仅可以提升体育旅游产业的知名度，也可以增强消费者的旅游意愿。

综上所述，中国体育旅游产业在营销和宣传策略上需要进行积极的改变和创新。通过多元化的营销渠道和有机结合的宣传策略，我们可以推动体育旅游产业的快速发展，满足消费者日益增长的旅游需求，同时也为中国旅游业发展注入新的活力和动力。

六、基础设施建设不完善

在中国旅游产业蓬勃发展的过程中，体育旅游逐渐崭露头角，众多景区开始涉足这一新兴领域。体育旅游项目在我国景区中得到了广泛的开展，但仍存在一些亟待解决的问题。

首先，交通问题成为制约体育旅游产业发展的瓶颈。很多景区周边的交通状况并不理想，公共交通不便，道路状况差，导致游客在前往景区的途中耗费了大量时间和精力。这不仅影响了游客的出游体验，也限制了景区客流量的增长。以某著名山区景区为例，由于通往景区的道路狭窄且曲折，每逢节假日，交通拥堵现象就十分严重，游客往往需要在路上花费数小时，大大降低了游客出游的兴趣和满意度。

其次，景区可达性也是影响体育旅游产业发展的关键因素。部分景区地理位置偏远，缺乏便捷的交通网络，导致游客难以抵达。同时，景区内部的交通设施也不尽如人意，步行道、缆车等交通方式存在安全隐患，影响了游客的游览体验。以某海滨景区为例，其虽然拥有优美的海滨风光和丰富的水上运动项目，但由于交通不便，游客数量一直未能实现突破。

最后，景区在设施建设方面也存在短板。一些景区在体育旅游项目设施建设上投入不足，导致设施陈旧、老化，无法满足游客的需求。例如，部分景区的游泳池、攀岩墙等设施设备已经严重过时,存在安全隐患,无法满足游客对于高品质体育旅游体验的需求。

综上所述,虽然体育旅游产业在我国景区中得到了广泛的开展,但仍面临挑战。为了推动体育旅游产业的健康发展,景区需要在交通、可达性和设施建设等方面加大投入,提升游客的出游体验。同时,政府和社会各界也应关注体育旅游产业的发展,提供政策支持,加强基础设施建设,共同推动体育旅游产业成为旅游业的新增长点。

展望未来,体育旅游产业在中国具有广阔的发展空间和巨大的市场潜力。随着人们生活水平的提高和体育意识的增强,越来越多的游客将选择体育旅游作为休闲度假的方式。因此,景区应抓住机遇,积极开发具有地方特色的体育旅游项目,吸引更多游客前来体验。同时,景区还应加强与相关产业的合作,共同打造体育旅游产业链,推动体育旅游产业与其他产业的融合发展。景区在体育旅游产业方面的发展任重道远。只有通过不断改善交通状况、提升景区可达性、加强设施建设等措施,才能为游客提供更加优质的体育旅游体验,推动体育旅游产业在中国实现持续健康发展。

七、人才建设不足

体育旅游产业不仅是体育产业中的一个新兴分支,还是旅游产业中的一种全新业态,融合了体育竞技、休闲娱乐和观光旅游等功能。然而,体育旅游产业的迅猛发展也带来了一些问题,其中,专业人才短缺问题尤为明显。目前,国内各大高校都开设了专门培养体育旅游领域专业人才的课程,但真正能胜任体育旅游相关岗位工作的复合型人才相对较少。因此,如何培养出符合社会需求的体育旅游专业人才就成为当前亟须解决的问题。

现阶段,体育旅游产业在吸引人才的过程中仍然面临许多挑战。一方面,体育旅游产业的独特性导致许多传统的招聘途径难以满足其对人才的需求;另一方面,体育旅游产业的迅速崛起导致对人才的需求快速增长,而目前的人才培训机制却不能有效填补这一缺口。同时,体育旅游产业与其他产业相比具有明显的独特性和不稳定性,使得其专业人才的培养面临巨大挑战。因此,如何增强产业对人才的吸引和完善人才培养策略,已经成为影响体育旅游产业健康发展的核心难题。

针对这一问题，我们可以从以下三个方面入手：首先，加大体育旅游产业的宣传力度，提高社会对体育旅游产业的认知度，吸引更多的人才加入；其次，建立健全体育旅游人才培养体系，通过校企合作、定向培养等方式，为体育旅游产业输送更多合格的专业人才；最后，优化人才引进政策，提高待遇和福利，吸引更多的优秀人才为体育旅游产业发展贡献力量。

总之，体育旅游产业作为新兴产业，具有广阔的发展前景和巨大的市场潜力。但要实现其持续健康发展，必须高度重视专业人才的培养和引进工作。只有这样，才能为体育旅游产业的繁荣发展提供有力的人才保障。同时，我们也期待在未来的发展中，体育旅游产业能够不断创新、完善，为游客带来更加丰富多彩的体验，为推动全球旅游业的发展作出更大的贡献。

第三节　中国体育旅游产业发展的趋势策略

一、中国体育旅游产业发展的趋势

（一）国际化水平逐渐提升

很早以前，国际旅游组织就已经对中国体育旅游产业的未来发展作出了预测，并坚信中国在将来的发展进程中会崭露头角，成为国际上的领军者。同时，我国政府也出台了相关政策支持体育旅游产业发展，体育旅游市场活跃度也在逐步上升。随着中国经济发展水平的提高和人民生活质量的不断提升，人们越来越重视体育旅游产品的开发与经营。目前，中国的体育游客数量正在逐年上升，这主要表现在以下两个方面：一是出入境游客的数量有所增加；二是体育国际化的内涵正在逐步加深，充分展现了我国深厚的历史文化底蕴。中国地域广阔，资源丰富，体育旅游种类繁多，具有显著的地理优势，尤其是民间体育活动对入境游客产生了强烈的吸引力。

（二）社会化程度逐渐增高

在当前阶段，国内的传统旅游景点发展主要依赖于体育赛事和系统资源的开发。根据相关的调查，无论是高端体育旅游还是公共体育旅游，都需要社会资本的支持。如果没有这些支持,项目的实施和推广都会面临困难,甚至可能导致项目的失败。因此,体育旅游的进一步发展可以有效地吸引社会资本的参与。在社会化程度不断提高的大背景下,许多新型的旅游产品开始涌现,并带来了良好的投资机会。

(三)逐渐明显的网络营销

在国内,旅行社已经成为现代体育旅游发展的核心营销策略,众多的体育旅游地点都已经建立了自己的网络营销体系。在这个过程当中,体育旅游者不再满足于传统的旅行路线,而是希望通过更加便捷的途径来进行游览。然而,从现有的资料中可以观察到,大部分的体育旅游从业者并不太愿意接受旅行社的计划安排,同时人们的自我管理意识也日益增强。这种情况的日益凸显,受到了多种因素的作用:一是基于网络环境的旅行社的生存状况所带来的影响;二是受到体育旅游所具有的独特性质影响。

(四)运营方式逐渐一体化

现阶段,旅游业的发展形势非常好,并且形成了旅游一体化的特征。旅游资源的整合能够更好地共享资源,并产生品牌效应,促进竞争力提升。服务标准、基础设施和管理体制等方面进一步融合。尽管体育旅游产业的整合并未和政府机构与旅游政策之间产生联系,但体育旅游还是形成了区域一体化的特征,有利于地方旅游资源的充分利用和发展。

二、中国体育旅游产业发展的策略

(一)制定发展规划,充分发挥作用

考虑到各个地区的地理特色、资源属性和市场的发展潜力,政府应建立一个体育旅游示范区,并对国内的体育旅游产业进行科学和合理的专项规划。同时在规划实施过程中,要加大宣传力度,这样才能够更好地为中国体育旅游产业发展提供保障。有必要为体育旅游制订专门的规划方案,加强体育旅游相关的基础设施建设,注重体育旅游人才的培养,提升其综合素质。

(二)站在认识的角度上发展体育旅游

体育旅游产业作为一门新兴产业,对于社会经济发展有着很大的促进作用。

无论是从发展活力还是未来潜力来看，体育旅游产业都具有巨大的进步空间。尽管仍有多种因素如早期的资金支持和人才培养等对其发展产生影响，但其发展潜力依旧巨大。因此，必须促进体育旅游产业的持续增长，并紧密关注当前的产业结构调整。

（三）建立合作机制，推动体育旅游产业的发展

为了进一步促进体育旅游产业的繁荣，国家体育总局和文化旅游相关部门需要成立一个协调小组，制定一系列相关措施来保证该体育活动能够得到有效实施。这个协调小组要共同承担整体组织和指导的责任；要共同确定相关政策；要共同努力来培育旅游行业的专业人才。通过积极推动旅游业与其他相关行业之间的融合发展，实现资源互补。

（四）构建管理规章制度

在体育旅游项目的发展阶段，有必要建立场馆、设施和设备的安全标准，积极地引导旅游企业，以提升其规范性。同时，还可以将体育领域中的各项资源与旅游业结合起来，使之成为一个新的经济增长点。另外，体育和旅游部门有责任充分发挥其导向作用，并在最短的时间内解决管理上的问题，以避免出现管理疏漏的情况。

（五）创新旅游营销的方式

无论是营销模式还是宣传形式，都会对体育旅游造成进一步影响，因此，需要对相关措施进行严格落实。与此同时，还要按照发展的现状，运用多种类型的宣传形式。体育部门需要加大宣传力度，提高自身的影响力。

（六）多样化方式的运用

目前，全民健身活动已经开展，并且旅游展览行业也经历了变革。在这样的背景下，不仅要推进体育旅游的发展，还需加强体育休闲和体验的规范，进一步推动体育旅游的标准化进程。为了能够更好地满足人们多样化的旅游需求，相关人员需要加大对旅游地区的建设力度。同时，还需深入挖掘文化遗产，创作与之匹配的艺术表演，将传统体育项目融入体育旅游，以此来满足人们日益增长的精神文化需求。

（七）有效培养体育旅游人才

只有拥有专业的人才，才能保证整个体育旅游产业得到快速稳定的发展。目前，中国对于体育旅游产业发展的重视程度不够，导致相关专业人才匮乏。因此，对于体育旅游产业的专业人才，体育管理部门和文化旅游相关单位应当制定有针对性的奖励政策，创建专家信息库，提高人才培养质量和水平。

第三章 中国体育旅游产业集群竞争力

本章为中国体育旅游产业集群竞争力，分别介绍了体育旅游产业集群理论、体育旅游产业集群的构建、旅游地对体育旅游产业竞争力的影响、体育旅游产业核心竞争力提升策略四个方面的内容。

第一节 体育旅游产业集群理论

一、分工理论

产业集群可以被视为一种特定的产业组织模式，它的形成有深厚的理论支撑。产业集群的核心理念是分工与合作，实现各方的共赢局面。因此，产业集群的兴起和发展对整个经济体系产生着巨大而深远的影响，并成为各国政府关注和研究的焦点之一，特别是在体育旅游产业的发展过程中，这一理论也得到了一定程度的推广和应用。

产业集群理论涵盖了丰富的内容，经过一段时间的发展，已经形成了一个相对完善的理论体系。亚当·斯密认为，分工可以产生规模效益和范围效益，从而使整个社会财富增加，并最终实现社会生产力提高。一个国家或社会的经济增长主要体现在生产效率的提高上，只有当生产效率得到提高时，社会经济才可能实现真正的发展。从这个角度来看，提高生产效率就成为促进中国体育旅游产业持续健康发展的关键所在。此外，分工理论为产业集群理论的主体，在优化分工协作体系和体育旅游产业的协同发展方面奠定了坚实的科学理论基础。

二、增长极理论

打造增长极是指在城市配置不断扩大的工业综合体，并在影响范围内引导经济活动的进一步发展。1950年，增长极理论由法国经济学家佩鲁首次提出，随后，布代维尔、弗里德曼等学者对这一理论框架进行了进一步的丰富和完善。

增长极理论提出，区域经济的形成是由于从事特定经济活动的多家企业或与之有紧密联系的几个经济活动在同一地理位置上聚集而形成的。这种聚集效应就是区域经济增长的内在动力。当某一专业化生产的多个生产部门聚焦于某一特定区域时，它可以产生较大的原材料和其他生产资料的市场需求，同时也能产生相应的产品市场供应。根据增长极理论，产业集群由于其内在的多重经济影响，有潜力成为区域经济增长的正面推动力。目前世界上许多国家都已经将体育产业纳入国民经济体系，并对其进行重点扶持。正是基于这样的理论背景，体育产业集群应运而生并持续发展，体育旅游产业作为核心部分也得到了相应的壮大。

三、新空间经济理论

新空间经济理论认为，因为某些偶然的因素导致社会上出现区域专业化生产的现象，在产生这一生产形式后，随着社会的不断发展，该产业规模不断扩大，同时会产生较大的规模效益，从而形成外部规模经济作用下的一种自强化效应，并形成路径依赖，促进产业集群的形成与发展。新空间经济理论为体育旅游产业集群的形成和发展提供了有力的理论支撑，根据这一理论，体育旅游产业集群的形成是空间经济布局优化和产业结构调整的必然结果。新空间经济理论强调空间资源的合理配置和高效利用，体育旅游产业集群正是基于这一理念，通过集中优势资源，形成产业集聚效应，提高整体竞争力。在新空间经济理论的指导下，体育旅游产业集群可以实现资源共享、优势互补，推动产业链上下游企业的协同发展。同时，通过产业集群的发展，还可以促进区域经济的增长，提高当地居民的生活水平，实现经济社会的可持续发展。此外，新空间经济理论还强调区域间的合作与联动，体育旅游产业集群也应积极融入区域经济发展的大局中，与周边产业形成良好的互动关系。通过区域合作，可以共同开发旅游资源，提升旅游品质，吸引更多游客前来体验，从而推动体育旅游产业的快速发展。总之，新空间经济理论为体育旅游产业集群的发展提供了重要的理论支持和实践指导。在未来的发展中，我们应继续深化理论研究，推动体育旅游产业集群的创新发展，为区域经济的繁荣和社会的进步作出更大的贡献。

四、外部经济理论

阿尔弗雷德·马歇尔是外部经济理论的提出者，他认为产业集群的形成主要是市场机制在资源配置上的自主作用。这种市场机制的资源配置将推动产业集群内的企业共享产业集群区域的专业劳动力市场、技术和服务，从而促进外部经济的形成。这种外部性会使得集群内的企业获得规模报酬递增的好处，同时也会产生企业间竞争加剧、交易成本降低和产品多样化等结果。

然而，集聚在某种程度上可能对体育旅游产业的增长带来不利影响，例如，激烈的市场竞争可能会增加企业的生产成本，而企业间的过度竞争可能会降低产品的盈利能力。同时，外部经济因素和外部非经济因素都可能使企业的行为偏离其目标而陷入恶性循环，进而阻碍整个产业集群的进一步发展。显然，产业集群产生的外部经济因素和外部非经济因素常常是相互伴随的。

体育旅游产业集群的理论发展得到了外部经济理论的关键支持。体育旅游产业集群既具有一般区域经济学中"空间聚集"效应，又具有特殊的地域属性——外部性特征，这使得它能够有效地促进社会经济效益的提升。从外部经济理论的角度看，体育旅游产业集群的建立和发展是受到市场大小、产业布局、资源配置和政府政策等多重因素驱动的。

五、集聚经济理论

集聚经济理论是产业集群理论发展的重要基础，正是在这一理论的推动下，体育旅游产业集群理论才得以快速发展。集聚经济理论对于体育旅游产业的发展具有重要的意义，在这一理论的引导下，体育旅游企业引进了专业化的技术设备，加强专业技能劳动力市场的建设，不断节省企业运营成本，这就促进了体育旅游产业集群的产生与发展。集聚经济理论的出现对于区域经济以及产业集群的建立与发展具有重要的意义。在体育旅游产业发展的过程中要以集聚经济理论为基础，加强不同区域以及不同行业之间的关联，形成一个良好的体育旅游产业集群，集群内的各个体育旅游企业获得共同发展。

六、新竞争优势理论

迈克尔·波特构建了一个产业发展的"钻石模型"，并提出了四个关键要素来获得产业的竞争优势，这四个要素是：生产要素、需求状况、相关产业和辅助产业状况、企业的竞争条件。各种要素之间存在相互的影响和互动，这为产业集群的发展提供了推动力，并在此背景下催生了特定的产业集群。后来，迈克尔·波特又对竞争优势理论进行了进一步丰富和完善，新的竞争优势理论框架对体育旅游产业集群的发展起到了越来越重要的指导作用。体育旅游作为一种创新的产业模式，成功地结合了体育和旅游两大领域的核心理念，它不仅为大众带来了创新的休闲体验，同时也成为经济增长的关键驱动力。体育旅游产业集群是一个复杂而又庞大的系统，需要从不同角度去理解并分析它。在新竞争优势理论的引领下，体育旅游产业集群的发展更多地强调了创新和差异化的重要性。从目前情况来看，国内的体育旅游产业集群已经初步形成了一定规模，且逐渐向区域化方向迈进。在集群内部，各企业开始深度探索和挖掘各自的地方文化特色，将传统的体育活动与旅游资源进行有机融合，从而创造出具有独特风格的体育旅游产品。

为了更好地发挥自身优势，促进区域旅游业快速健康地发展，应该充分结合当地的资源优势，打造具有地域特征的体育旅游品牌。另外，新竞争优势理论也突出了产业合作和地区协同的核心地位，为了促进体育旅游产业持续稳定发展，需要建立区域内的协调机制和协作体系，从而进一步增强整个集群的竞争力。

七、社会网络理论

在 20 世纪 90 年代，社会网络理论逐渐崭露头角并得到了进一步的发展，该理论主要是由经济活动的社会嵌入理论和社会资本理论等多个子理论组成的。该理论认为，企业间网络可以看成一种特殊的社会结构，它不仅能够为企业提供生产资源和信息支持，还能通过建立良好的人际关系促进企业之间的沟通和联系。在这种背景下，产业集群得以孕育和壮大。社会网络的理论框架与产业集群的内部发展模式相吻合，对于中小型企业集群的建立和壮大起到了关键的推动作用。同时，社会网络还能够促进集群内企业之间信息的流通，使整个产业集群内部成员之间相互了解，并提高整体竞争力。

社会网络理论为体育旅游产业集群的形成和发展提供了关键的理论支撑。体育旅游产业集群可以被认为是一个由多种利益主体共同参与并构成的网络结构，各利益集团之间存在着密切的联系和互动。在特定的地理范围内，各类组织与个体所建立的错综复杂的关系网络，成为促进产业集群增长的核心驱动力。从这个意义上说，社会网络理论为理解和预测体育旅游产业集群现象提供了新的方法。社会网络结构的改变会对企业行为产生重要影响，进而带动集群的转型和升级。在体育旅游的产业集群里，随着市场变动和竞争日益激烈，社会的网络构架也在持续地进行调整和完善。通过分析不同类型的体育旅游产业集群的特征及演进历程，发现它们都经历了从松散到密集再由高密度逐渐降低的过程，并最终形成一种复杂多样且具有动态性的网络关系。这样的动态变化不仅增强了集群的适应能力和市场竞争力，同时也促进了体育旅游产业的持续创新与发展。

第二节　体育旅游产业集群的构建

随着经济全球化和区域经济的进一步整合，不同行业间的互动和沟通变得越来越密切，体育旅游产业发展也同样如此。体育旅游产业是旅游产业的重要组成部分，对中国的经济社会发展有着十分深远的影响。目前，全球各国都高度重视体育旅游产业的壮大，并视其为国家经济结构调整的重点内容进行发展。因此，研究体育旅游产业的集聚问题对中国体育事业乃至整个经济社会的发展都有着非常重要的作用。在当前区域经济一体化的背景下，建立一个既科学又完善的体育旅游产业集群显得尤为关键。

一、旅游集群及体育旅游产业集群的概念

（一）旅游集群的概念

旅游集群是由有效的旅游供应链组织起来的一系列旅游活动和旅游服务，其目的是旅游地所有单位协同作用以便提高目的地的竞争力。

（二）体育旅游产业集群的概念

从上述的旅游集群理念中可以推断，体育旅游产业集群实际上是体育旅游的核心吸引点、相关的体育旅游公司以及体育旅游的企业和部门在特定的地理范围内聚集起来的。这些企业和部门为了达到共同的目的，建立了紧密的合作关系，并共同努力提高其在体育旅游活动中的竞争力。

二、旅游集群及体育旅游产业集群的现状

现阶段，国内的旅游集群和体育旅游产业集群的发展尚不充分。从旅游集群的角度看，尽管中国拥有丰富的旅游资源和深厚的历史文化底蕴，但旅游产业的发展仍然不平衡，某些地区的旅游产品和服务质量需要进一步提升。在体育旅游产业方面，体育旅游市场规模不断扩大，体育旅游消费者的需求不断增长。在体育旅游产业集群领域，体育旅游产业的发展仍然处于初级阶段，其提供的旅游产品和服务种类相对有限，体育旅游的整体发展水平还不够高，因此产业集群效应尚未完全显现。

在当前的背景下，各个地区都应该强化对旅游集群和体育旅游产业集群的发展支持和政策引导，推动旅游和体育旅游产业的共同进步。与此同时，需要加大对旅游行业工作者和体育旅游产业工作者的培训力度，以提升他们的专业能力和服务品质，从而促进旅游和体育旅游产业的健康发展。

三、体育旅游产业集群的构建策略

（一）制定合理的产业集群政策

一个国家或地区的社会经济发展在很大程度上取决于国家所制定的政策。因此，制定科学合理的产业集群政策，有利于促进区域经济社会协调发展，从而实现中国旅游业跨越式发展。体育旅游产业的发展也是这样，制定合理的产业集群政策对于提高体育旅游产业的竞争力，构建结构科学的产业集群是非常重要的。制定产业集群政策时，要考虑到产业集群本身所具备的特点及其内部各要素之间的相互关系。为了支持产业集群内的体育旅游企业发展，需要制定相应的激励政策，以不断激发产业集群的创新潜力，并确保这些体育旅游企业在竞争中保持活力。同时，政府也应该加大对体育旅游产业集群创新体系建设的投入力度，以促进其健康快速地发展。制定产业集群政策不应仅仅停留在表面，而应深入产业集群内部，不断提升其创新能力。

（二）充分发挥政府的职能

体育旅游产业集群的形成与发展离不开政府的宏观调控，政府在其发展过程中扮演着十分重要的角色。在体育旅游产业集群建立和形成的过程中，政府的职能要随着体育旅游产业的发展而不断作出调整和改变，要根据体育旅游产业的发展特征及具体实际制定科学的规划和政策，为体育旅游企业的发展营造一个良好的竞争环境，为体育旅游企业打造集群品牌奠定坚实的基础。另外，政府部门还要为体育旅游企业创造一个良好的制度环境，这是体育旅游产业集群建立、形成与发展的重要保障。政府必须严格遵循社会主义市场经济发展的基本规律，与体育旅游企业保持紧密的联系，为体育旅游产业集群化发展提供多样化的服务。

（三）强化协作意识

在当前社会主义市场经济背景下，各个行业之间的竞争越来越激烈，而处于体育旅游产业集群内的各类企业也会展开激烈的竞争，这是经济发展的必然结果。需要注意的是，这种竞争应该是有序的竞争、公平的竞争，而不是盲目的竞争，否则只会带来负面影响，不利于产业集群的健康发展。在产业集群内的体育旅游企业可以相互合作，降低交易成本，创造更大的经济利益，进而提升自身的市场竞争力。

(四)加大智力支持

体育旅游产业集群要想持续发展,不仅需要加强相互之间的合作,还需要充分利用社会各方面的资源。在体育旅游产业的发展过程中,科研机构的专业服务是不可或缺的,例如,高校有能力为体育旅游产业集群内的企业输送高质量的专业人才,这些宝贵的人力资源在推动体育旅游产业集群的建设和发展方面起到了至关重要的作用。因此科研机构应该充分发挥自己的优势,积极地参与体育旅游产业集群建设,并通过对其进行有效的引导和扶持,促进整个产业的健康快速发展。体育旅游产业集群与科研机构合作,还能为集群内的企业培养专业的体育旅游管理和经营人才,以及提供各种咨询服务,这对于体育旅游产业的发展具有极其重要的意义。

(五)全面提升产业集群的竞争力

要想构建一个科学、完善的体育旅游产业集群,还需要不断提升产业集群的竞争力。根据迈克尔·波特竞争优势的"钻石模型"(见图3-1),体育旅游产业集群竞争力取决于四个基本因素,即生产要素、需求状况、相关产业和辅助产业状况、企业的竞争条件,以及两个辅助因素,即政府和机遇。可以通过以上要素来构建具有影响力的体育旅游产业集群。

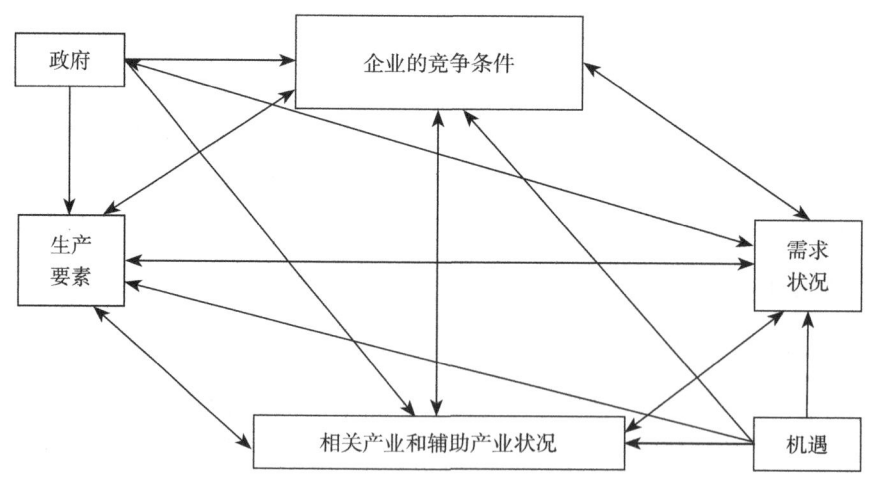

图3-1 迈克尔·波特竞争优势的"钻石模型"

1. 四个基本要素

（1）生产要素

在生产要素方面，为促进体育旅游产业集群的建设，必须充分发挥中国东、西部体育旅游资源各方面的条件优势，加强体育旅游产品的挖掘与开发，提升体育旅游产品的体验，吸引广大的旅游爱好者参与其中。除此之外，体育旅游企业从业人员还要采取各种手段与措施培养或引进高素质的体育旅游人才，实施人才发展战略，从而推动体育旅游产业集群化发展。

（2）需求状况

在需求状况方面，体育旅游产业集群内的相关产业部门要充分考虑国际、国内市场的需求状况，设计与开发独具特色的体育旅游产品，为体育旅游爱好者提供多样化的服务，从而形成一个富有区域特色的体育旅游产品集合群。

（3）相关产业和辅助产业状况

在相关产业与辅助产业方面，要进一步推动体育旅游产业的相关产业发展，如住宿、餐饮、运输等，这些产业的优化能为体育旅游产业的发展创造良好的条件。另外，为促进体育旅游产业的发展，还可以提升其配套产业的发展水平，如体育旅游用品业、体育赛事旅游业等，加强这些产业之间的合作与交流，共同推动体育旅游产业集群的建设与发展。

（4）企业的竞争条件

影响体育旅游企业竞争的条件是多方面的，作为体育旅游企业管理人员一定要认真分析这些条件或因素，从而为体育旅游产业的发展创造良好的环境。这些条件或因素主要有经营能力、管理理念与方式、竞争战略规划、企业文化建设等。在体育旅游产业发展的过程中，只有实现规模化的经营，加强人力资源的开发，推进科研创新，才能促进体育旅游产业集群的快速发展。

2. 两个辅助要素

（1）政府

在政府方面，要充分利用各种政策优势，加强体育旅游产业的基础设施建设，同时还要做好生态环境保护工作，鼓励人民群众积极参与体育旅游消费。

（2）机遇

在机遇方面，要紧紧抓住举办奥运会、世博会、亚运会等重大机遇期，利用各种有利机遇，形成开发与建设体育旅游产业集群的热潮。如2022年北京冬奥会就是这样一个良好的契机,承办比赛项目的北京和张家口的体育旅游企业抓住了这个机遇,形成了一个巨大的合力,构建了一个完善的体育旅游产业集群,这对于中国体育旅游产业的发展具有重要的意义。

(六)采取多样化的发展模式

1. 龙头带动型发展模式

当前中国体育旅游产业内的企业普遍规模较小,产品研发能力和品牌效应存在一定不足,要想实现体育旅游产业的集群化发展并不是一件容易的事情。为此,必须积极扶持和培养核心领导型企业,发挥其促进产业集群发展的作用。要实现这一目的,需要做好以下三个方面的工作。

(1)加强体育旅游企业间的合作

现阶段,体育旅游产业集群主要存在着核心领导型企业与中小型企业两种类型,要想实现这两种类型企业的共同发展,就需要加强两者之间的协作配合,先发展核心领导型企业,然后以其带动中小型企业的发展,这样能有效降低体育旅游企业的成本,达到合作共赢的效果。

(2)发挥知名品牌的带动作用

在体育旅游产业发展的过程中,利用知名品牌带动其他产业的发展也是一个重要的策略。这一策略主要是按照专业化分工合作的基本要求,采用各种手段与措施,把中小型企业吸收进品牌俱乐部,使其共享知名品牌的无形收益,提高产品附加值从而达到节约经营成本,提升品牌竞争力的目的。在知名体育品牌的带动下,这些中小型企业往往能获得不错的发展。

(3)积极进行标准化工作

体育旅游产业的服务水平在一定程度上影响着体育旅游产业集群的建设与发展。因此,核心领导型企业必须通过制定相关的服务质量标准和流程体系加强与中小型企业的合作与交流,并对其进行有效的管理。这是体育旅游企业的标准化工作,理应引起重视。

2. 区域品牌聚集型发展模式

在以往的体育旅游产业发展过程中,主要存在着景点竞争、项目竞争和线路竞争等竞争形式,但是伴随着体育旅游产业的不断发展,以及区域经济一体化的不断深入,很多体育旅游企业开始寻求区域内的沟通与合作,通过区域内各企业之间的合作,实现资源共享,双方共赢的局面。这就是我们通常所说的区域品牌聚集型发展模式。因此，在未来的发展中，我们可以引导一些规模较大的核心企业，促使其采取区域集群化经营，使其向着集团化、专业化和网络化的方向发展。

（七）发挥核心企业的带动作用

体育旅游产业涵盖众多的行业，如旅游、餐饮、商务和休闲娱乐等。当这些行业与体育旅游产业结合后，会诞生许多与体育旅游产业紧密相关的中小企业。核心企业的主要任务是将这些中小企业聚集在一起，形成产业集群效应。

在体育旅游产业的集群化进程中，核心企业起到了至关重要的作用，它们在很大程度上塑造了整个产业集群的市场竞争实力。因此，要想使中国体育旅游产业获得长远的发展，必须重视对体育旅游产业集群内的核心企业进行培育与管理，以此来促使其健康稳定地发展。目前，中国体育旅游产业市场中有众多的中小企业，这些企业的发展依赖于核心企业的推动和支持。因此，政府应该积极鼓励和引导这些中小企业进行集群化经营，通过建立完善的体育旅游产业链来提高整体竞争实力。政府应制定合理的产业政策，鼓励体育旅游产业的创新与升级，从而提升产业集群的整体发展水平和综合实力。

（八）制定集群内的差异化经营策略

差异化经营策略主要是指体育旅游企业为了追求尽可能大的经济利润，设计满足消费者个性化需求的体育旅游产品，使消费者能够被产品的价值吸引，激起消费的欲望，此时，价格就成为消费者的次要关注要素。这一经营策略不仅能够使得体育旅游企业获得较大的经济利润，还能满足消费者的心理需求，可谓实现了双赢。在体育旅游产业集群发展的初期阶段，体育旅游企业可以根据具体实际情况制定差异化的经营策略，定位不同的体育旅游消费层次，细分体育旅游市场，根据旅游者的实际情况设计多样化的体育旅游产品，以满足消费者的个性化和多样化需求。

（九）建立与完善线上推广体系

随着现代社会科学技术的不断发展，各种新兴技术不断涌现。如今，人类社会已经进入了互联网时代，社会各个行业及领域都与互联网产生了紧密的联系，体育旅游产业的发展也不例外。

在当今社会背景下，各种高科技手段、信息技术等在社会各个领域都得到了广泛的利用。如电脑、手机等已深入每一个家庭和人群，在人们的生活与工作中扮演着十分重要的角色。在信息化社会高速发展的背景下，智能手机得到了极大的普及与应用，通过手机人们能解决各种生活或工作问题，大大提高了生产生活效率。对于热爱旅游的旅游者而言，他们可以充分利用手机软件选择旅游地、预订酒店、规划行程路线等，这为人们提供了极大的便利。因此，通过手机软件，利用互联网可以极大地促进体育旅游产业集群的发展。大量的实践表明，建立体育旅游的线上推广体系，对于体育旅游产业集群的建设与发展具有重要的推动作用。

（十）构建完善的风险评估体系

体育旅游产业具有投资金额大、产业链长的特点，同时还具有较强的专业性和复杂性。在体育旅游企业的发展过程中，它们可能会遭遇经济危机、各种自然和人为的灾害、不佳的市场状况和人才流失等挑战，一旦这些问题出现，企业经营风险也随之增加。这些风险一旦被放大，将会严重影响到体育旅游产业的持续稳定发展。因此，为了加强体育旅游产业集群的风险管理，建立一个全面的风险评估体系变得尤为关键。必须重视各种风险的预防和管理，力求在风险出现时将其造成的损害降至最低。

第三节　旅游地对体育旅游产业竞争力的影响

一、不同维度下旅游地对体育旅游产业竞争力的影响

（一）国家维度下旅游地对体育旅游产业竞争力的影响

从国家尺度层面来看，旅游地对体育旅游产业竞争力的影响是多方面的，涉及经济、社会、文化等多个领域。

1. 旅游地对体育旅游产业竞争力的经济影响

体育旅游产业的经济竞争力在很大程度上受到旅游地综合发展水平的直接影响，主要表现在以下三个方面。

首先，旅游地的知名度和吸引力对体育旅游项目的市场需求和参与者数量有着直接的影响。良好的品牌声誉和品牌效应是提升体育旅游产品市场竞争力的关键，一个具有独特的自然景色和文化内涵的旅游地，通常能吸引更多的游客前来

体验相关的体育活动，旅游资源本身所包含的文化内涵和历史底蕴也能为体育旅游提供丰厚的内容。

其次，旅游地的基础设施和服务品质同样会对体育旅游产业的竞争实力产生显著的影响。因此，要想使体育旅游得到更好的发展，就必须关注这些因素，才能满足人们日益多样化的需求。例如，高效的交通网络、多样化的住宿和餐饮选择，以及完备的安全措施等，都有助于优化游客的旅行体验，激发他们对选择体育旅游地的兴趣。

最后，体育旅游产业的壮大也为旅游地带来了显著的经济收益，因此，体育旅游产业具有很好的发展前景。体育旅游项目的开展和参与不仅可以直接刺激当地的旅游消费，还可以间接推动相关产业的发展，从而促进旅游地经济的发展和居民收入的增长。

2. 旅游地对体育旅游产业竞争力的社会影响

旅游地在体育旅游产业中的竞争优势也在社会方面得到了体现：一方面，组织和参与体育旅游活动可以有效地促进人们的身体和心理健康，同时也能提高社会整体的生活水平和人们的幸福感。体育旅游活动的举行能够有效改善城市环境，丰富城市文化内涵。另一方面，开展体育旅游活动也有助于加强各民族之间的团结和文化交往。通过体育旅游，人们可以体验到异域风情，感受到异国文化，加深与世界各国人民的感情沟通。

3. 旅游地对体育旅游产业竞争力的文化影响

旅游地作为文化的重要载体，对体育旅游产业的竞争力也有着深远的影响。旅游地所具有的独特文化底蕴和历史传承，为体育旅游活动提供了丰富的场景和故事背景。例如，历史名城、文化古迹等都可以成为体育旅游活动的独特赛事场地或旅游线路，吸引更多的游客前来参与。体育旅游活动本身也是文化传承和创新的重要载体。在体育旅游活动中，人们可以通过参与体育比赛、观赏体育表演等方式，体验和感受当地的文化特色，了解和传承体育运动所蕴含的文化精神，从而加深对当地文化的认识和理解。

4. 旅游地的政策支持对体育旅游产业竞争力的影响

政府对于旅游地和体育旅游产业的政策支持也是影响竞争力的重要因素。政府可以通过出台相关政策措施，提高旅游地的知名度和吸引力，促进体育旅游项目的开展和发展。例如，加大对旅游基础设施建设的投入、加强对体育赛事的扶持和举办、提供税收优惠等方式，都能够有效地提升旅游地和体育旅游产业的竞争力。

5. 旅游地对体育旅游产业可持续发展的影响

旅游地对于体育旅游产业的竞争力产生的影响，也与可持续发展的议题密切相关。体育旅游产业是以自然生态环境为依托的一种新兴产业，旅游地如何保持自身的特色，使自己的资源得到充分利用并发挥出最大价值是每个旅游企业都必须考虑的事情。如果旅游地不能妥善地维护其自然生态和历史文化传承，那么它的吸引力和市场竞争力将会大打折扣。

因此，在推动体育旅游产业的发展过程中，旅游地必须确保体育旅游活动不会对当地的生态环境和文化遗产造成不良影响。另外，要重视体育旅游产业的环境宣传工作，提高大众对体育旅游生态产品的认知度，促进体育旅游产业健康有序发展。

6. 旅游地对体育旅游产业协同发展的影响

旅游地对体育旅游产业竞争力的影响还体现在产业协同发展方面。体育旅游产业是一个复合型产业，涉及体育、旅游、文化等多个领域，需要各方面的合作和协调。旅游地作为体育旅游活动的承载者和举办地，需要与体育、旅游、文化等相关产业进行密切合作，共同推动体育旅游产业的发展。

例如，旅游地可以与体育赛事组织者合作，举办各类体育赛事和活动，提升旅游地的知名度和吸引力；与旅游服务企业合作，提供全方位的旅游服务和体育旅游产品；与文化机构合作，举办文化体育活动，丰富游客的旅游体验等。通过产业协同发展，可以实现资源共享、优势互补，提升体育旅游产业的整体竞争力和市场影响力。

综上所述，从国家层面来看，旅游地对体育旅游产业竞争力的影响是多方面的，涉及经济、社会、文化、政策支持、可持续发展、产业协同发展等多个层面。只有充分发挥旅游地的优势和潜力，加强政策支持和产业合作，才能够推动体育旅游产业的健康发展，提升中国体育旅游产业在全球体育旅游市场中的竞争力。

（二）省域维度下旅游地对体育旅游产业竞争力的影响

从省域尺度来看，旅游地对体育旅游产业竞争力的影响是深远而多元的。不同省份拥有独特的自然资源、文化传统和发展优势，因此在发展体育旅游产业时展现出各具特色的影响力。

1. 自然资源和景观对体育旅游产业竞争力的影响

中国幅员辽阔，自然地理环境多样，各地资源禀赋不同、开发程度不一，因此各地区发展体育旅游产业应因地制宜、扬长避短。随着旅游业的蓬勃发展，越来越多的省份开始重视并大力发展体育旅游产业。一些省份的自然景观、地形和气候条件都非常适合各种户外体育活动，如徒步、攀登、漂流和滑雪等，因此吸引了众多的游客前来参与。另外，某些省份拥有丰富的水域资源，可以开展各种水上体育旅游活动，如划船、帆船、潜水等。

2. 文化传统和历史底蕴对体育旅游产业竞争力的影响

拥有深厚历史背景和丰富文化遗产的地区，可以将文化遗产与体育活动相融合，发展本地的特色体育旅游产业。例如，河南通过组织太极拳、武术等传统体育项目的竞赛，吸引众多游客前来感受和体验中国传统文化的独特魅力。

此外，某些省份还拥有独特的民间文化和体育活动，如广东的龙舟赛和福建的龙舟节等。这些传统的文化活动不仅吸引了大量的游客，同时也有助于推动当地文化的进一步发展。

3. 基础设施和服务水平对体育旅游产业竞争力的影响

一个地区如果拥有完善的基础设施和高水平的服务，就能够提升该地体育旅游产业的竞争力。例如，良好的交通网络、丰富多样的住宿和餐饮设施、完善的安全保障措施等，都能够提升游客的体验感受，增强他们选择该地进行体育旅游的意愿。此外，一些省份还通过提供多样化的体育旅游产品和项目，如徒步、登山、滑雪等户外运动，以吸引更多游客的关注和参与，进一步提升了体育旅游业的竞争力。

4. 省级政府政策支持对体育旅游产业竞争力的影响

省级政府对体育旅游产业的政策支持和扶持也是影响竞争力的重要因素。一些省份通过出台相关政策措施，加大对体育旅游项目的投资、推动相关产业的发展、提升旅游服务水平等，为体育旅游的蓬勃发展提供了政策保障。例如，一些省份通过建设体育旅游产业园区、举办体育赛事和活动、提供税收优惠等方式，吸引了更多的投资和资源，推动了当地体育旅游产业的发展。

5. 人才培养和产业链升级对体育旅游产业竞争力的影响

省域内对体育旅游产业人才的培养和产业链的升级也对竞争力产生重要影响。一些省份通过建设体育旅游管理、运营、服务等方面的人才队伍，提升体育旅游产业的管理水平和服务质量，提高了产业的竞争力。同时，一些省份还通过拓展体育旅游产业链，延伸产业价值链条，如开发体育旅游相关产品、推动体育旅游与其他产业的融合发展等，提升了体育旅游产业的附加值和竞争力。

综上所述，省域尺度的旅游地对体育旅游产业竞争力的影响是多方面的，涉及自然资源、文化传统、基础设施、政府支持，以及人才培养和产业链升级等多个方面。只有充分发挥省域旅游地的优势和潜力，加强政策支持和产业合作，才能够推动体育旅游产业的健康发展，提升省域在全国体育旅游市场中的竞争力。

（三）市域维度下旅游地对体育旅游产业竞争力的影响

从市域维度来看，旅游地对体育旅游产业的竞争力产生的影响更为明确和显著。城市因其独有的地理位置、丰富的自然和人文资源、完备的基础设施建设，为体育旅游产业的发展创造了多样的机会和广阔的发展前景。因此，研究不同城市旅游开发模式对体育旅游产业竞争力的影响对于提升我国整体经济发展水平具有一定意义。

1. 城市地理特点对体育旅游产业竞争力的影响

国内很多地区都拥有良好的自然环境，是开展体育旅游的理想场所。一些风景如画的城市，如杭州、成都、贵阳等，拥有丰富的自然环境资源，能够进行登山、徒步、露营等户外活动，吸引了众多的体育爱好者和游客。而青岛、厦门和三亚这样的沿海城市，凭借其宜人的海滩和水上活动设施，已经成为水上体育旅游的首选目的地。

另外，中国幅员辽阔，各地区之间自然地理环境差异很大，形成了各具特色的体育旅游城市。在四季各有特色的城市中，可以举办各种不同季节的体育活动，如夏天的水上活动和冬天的滑雪活动，以吸引不同类型的游客。

2. 城市基础设施和服务水平对体育旅游产业竞争力的影响

国内许多大中型城市都已初步建成或正在规划建设具有一定特色的体育旅游地，在城市规模较大的区域，通常会配备更加完善的交通网络、酒店住宿、餐饮服务等配套设施。一些城市通过建设公园休闲区、运动健身设施等，满足了不同人群的需求，从而进一步提高了城市体育旅游产业竞争力。

3. 城市文化特色和活动对体育旅游产业竞争力的影响

城市的文化特色和活动也是吸引游客的重要因素。一些具有独特历史文化和地方特色的城市，如北京、西安、苏州等，通过举办体育赛事、文化节庆等活动，将体育与文化相结合，为游客提供丰富多彩的旅游体验。同时，城市还可以通过举办文化体育活动，推动艺术体育的融合发展，提升城市的文化软实力和品牌形象，进一步提升其在体育旅游市场中的竞争力。

4. 城市品牌建设和营销对体育旅游产业竞争力的影响

城市品牌建设和营销是提升城市体育旅游产业竞争力的重要手段。一些城市通过制定体育旅游发展规划、打造城市体育品牌、加大对体育赛事的支持和举办等方式，提升了城市在体育旅游市场中的知名度和美誉度，吸引了更多游客的关注和到访。同时，城市还可以通过多种渠道进行宣传和推广，如建设官方网站、举办推介活动、开展线上线下营销等，扩大城市的影响力，提升竞争力。

5. 城市人才储备和教育培训对体育旅游产业竞争力的影响

体育旅游是旅游产业与体育产业相互融合形成的新兴产业形态，也是一种新兴业态。体育旅游产业的发展，离不开拥有专业知识和技术能力的工作人员，以及有一定文化素养的高素质复合型人才。因此，为了满足产业发展的需求，城市有必要构建完善的人才培训和教育结构，建立体育旅游专业学院、开设相关培训课程、组织实践教学等，以培育出高质量的专业人才，从而提高体育旅游产业的服务质量和市场竞争力。

6. 城市社会氛围和文化环境对体育旅游产业竞争力的影响

城市的社会氛围和文化环境对体育旅游产业的发展起着重要作用。一些充满活力、包容开放的城市，如上海、深圳、广州等，吸引了大量国内外游客，成为体育旅游的热门目的地。这些城市具有丰富多彩的文化活动、时尚潮流和多元化的生活方式，为体育旅游者提供了丰富的文化体验和社交互动，增强了城市的吸引力和竞争力。

7. 城市创新能力和科技水平对体育旅游产业竞争力的影响

城市的创新能力和科技水平是体育旅游产业发展的重要支撑。一些科技创新型城市，如北京、杭州、深圳等，通过引入新技术、开发智慧旅游产品、打造智慧体育场馆等方式，提升了体育旅游产业的服务水平和体验感受，提高了城市的竞争力。同时，城市还可以通过与科研机构、高校等合作，推动体育科技创新和产业发展，不断提升产业的技术含量和附加值，促进产业竞争力的提高。

8.城市环境保护和可持续发展对体育旅游产业竞争力的影响

近年来,国内各大城市都在积极推进环保工作,并取得了显著成效。某些城市通过强化环境保护措施、促进绿色交通和提倡低碳生活方式,成功地改善了城市的环境品质和生态美观度,从而提高了城市的吸引力和市场竞争力。因此,在体育旅游活动中,城市应该积极采取措施来保护生态环境,推广绿色旅游的理念,促进经济发展与环境保护相协调。

9.城市国际合作和交流对体育旅游产业竞争力的影响

近年来,不少城市都加大了对国际体育旅游资源的开发力度,积极打造具有鲜明特色的城市品牌。一些城市通过深化与国际体育组织、赛事组织者和旅游机构的合作关系,成功举办了国际性的体育赛事和体育文化交流活动,这不仅提升了城市的国际影响力和知名度,还提高了其在全球体育旅游市场中的竞争力。许多城市通过建设大型体育场馆、完善公共体育设施以及打造特色体育项目来增强自身实力,提高竞争力。此外,为了吸引更多的国际游客并推动城市的国际化进程,城市还可以通过建立友好的城市关系和开展国际旅游推广活动等多种方式来促进体育旅游产业的进一步发展。

二、不同感知视角下旅游地对体育旅游产业竞争力的影响

(一)旅游地社区居民视角下旅游地对体育旅游产业竞争力的影响

一个地区旅游业的发展在很大程度上取决于其吸引力和提供的服务,但同时也依赖于当地居民的积极参与和支持。游客对旅游地的评价会受到当地居民生活方式、价值观念、社会经济状况等多方面因素的制约。一个地区如果想要发展成为有竞争力的旅游地,就必须深入了解当地居民对旅游发展的看法,以及影响他们对旅游发展态度的各种因素。旅游地的可持续发展不仅取决于经济增长,还取决于旅游地社会文化环境的改善与维护,而社区的稳定则更多地依赖其成员的积极参与。因此,社区各利益相关方的满意度和他们对旅游地发展的看法,构成了旅游地可持续发展的基础,是旅游地成功发展的决定性因素。目前关于旅游发展中社区参与方面的文献很多,但是很少有研究者从居民的视角来分析其对旅游发展的态度。当地的居民对于旅游业的发展持有积极的看法,这不仅可以增强旅游地的吸引力,同时也有助于提升游客的旅行体验,有利于旅游地管理者制定科学有效的营销策略和措施,从而推动地区经济的健康发展。

在旅游地的发展过程中，社区居民扮演着至关重要的角色。一方面，旅游的开发和发展旨在提升旅游社区居民的生活品质和福利待遇，居民的参与程度影响着旅游地在旅游市场中的竞争力。旅游地社区居民的文化环境和生活方式都是旅游地历史文化发展的反映，也是旅游地历史文化传承的一部分。社区居民与当地其他社会成员有着共同的语言和生活习惯，其文化传承延续至今，旅游地文化在社区居民的服装、饮食习惯、歌舞建筑和风俗中都有所体现。社区居民是一个相对稳定的群体，他们与游客之间有着密切而复杂的关系。因此，应该激励社区的居民去维护、传承并进一步弘扬他们的文化遗产。另外，旅游地社区也是旅游活动最活跃的地方之一，其内部生活环境的优劣直接关系着游客的满意度，构成了旅游行业资源利用和旅游业增长的核心部分。另一方面，鉴于居民和游客之间的频繁互动，社区居民能否自愿担任接待员对于旅游地的成功显得尤为关键。旅游业对当地社区居民的依赖程度很高，对旅游业的经营和可持续发展具有重要的支持作用。一旦一个社区成为旅游目的地，当地居民的生活就会受到旅游发展的影响，包括越来越多的游客、越来越拥挤的道路等。没有当地社区的理解和支持，任何旅游地的发展都是难以维持的。

1. 旅游地社区居民的感知与态度对体育旅游产业竞争力的影响

作为旅游社会学的重要组成部分，20世纪70年代对外国居民旅游感知和旅游态度的研究开始兴起。特别是20世纪90年代以后，随着对可持续旅游和社区发展理念的关注，人们逐渐认识到，没有受旅游影响的社区居民的参与，可持续发展目标是不可能实现的。

社区在经济、环境和社会三种基本利益类型中受旅游发展的影响，早期主要集中在居民对旅游经济影响的感知上，但现在越来越多地关注居民如何看待旅游发展对社区文化、社会和环境的影响。旅游业将不可避免地对旅游地的社会、经济和环境产生影响，研究发现，居民的社区满意度与他们对旅游影响的正面感知和负面感知密切相关。

大多数旅游业的发展都承担着社区经济发展的重要任务。许多经济落后的社区居民总是把旅游视为改善经济状况的一种手段，只要运作得当，旅游业就可以成为地方努力实现更广泛的社会目标的重要动力。因此，在欠发达国家和地区，旅游业通常被视为摆脱经济贫困、实现经济腾飞的战略和手段，经济利益被认为是旅游地社区居民对旅游发展感知得最明显、最重要的方面，社区居民对旅游发展的影响通常体现在旅游业的发展能否促进经济发展、增加就业机会、带来新的投资、增加税收等方面。

在基于旅游地居民感知和态度的旅游影响研究中，社会文化影响感知是研究的重点之一，可以分为积极的和消极的两种。积极的影响感知体现在社区基础设施和公共服务设施的改善、社区传统文化的复兴、社区文化的开放和现代文明的融合上；消极的影响感知可能是物价上涨导致生活成本上升、交通和人流拥堵、居民正常生活秩序受到干扰、方言变化和传统文化消失，以及犯罪和赌博等社会道德的衰落。

资源开发和旅游开发将不可避免地改变旅游地社区的自然生态和生存环境。在高度发达的社区，当地居民特别关注旅游业发展对当地环境的不利影响。居民对旅游环境影响的感知是不确定的，旅游环境影响有正面和负面两种：正面环境影响感知主要涉及资源的保护、生态环境的改善和社区环境保护意识的提高；负面环境影响包括旅游开发对自然生态环境的破坏、历史文物的破坏和真实性的丧失，以及大气、水、垃圾、噪声等环境污染的加剧。

由于社区旅游的发展，居民不得不承受价格上涨、土地征用、生活费用增加、交通拥堵和传统文化的逐渐消失等问题，因此他们应该获得更多的旅游收入作为补偿。虽然人们普遍认为社区资源的开发和旅游业的发展给社区带来了巨大的经济效益，但由于参与程度的不一致，社区普遍存在着不同利益主体之间或同一利益主体内部利益分配不均的现象。由于社区居民往往是被动参与群体，旅游开发带来的经济效益和旅游收入的不公平分配，不仅存在于政府、企业和居民三大利益相关方之间，还存在于社区居民之间，以及旅游社区的不同区域之间。

社区居民对旅游发展的态度直接影响着他们对游客的态度，这对游客的旅游体验、满意度和忠诚度产生了重要的影响，是建设具有竞争力的旅游地的关键。有多位学者通过比较不同层次的居民参与程度、居民对社区的依存度和居住时间、对产业的了解程度、与商业区的距离或与游客的接触程度、社会人口统计的特点、旅游发展的类型和形式，以及从旅游业中获得的经济效益，研究了旅游业发展的影响与居民态度之间的潜在关系。除了少数学者外，绝大多数学者都局限于对居民感知的描述，这在很大程度上是一种非理论性的讨论。一些研究发现，旅游发展支持态度与人口特征之间存在线性关系。但也有其他研究表明，社区内有不同程度的支持，这种关系可能是非线性的。旅游地居民感知差异的影响因素，包括旅游地的发展程度、居民的人口特征、居民旅游与居住地的相关性、居民感知距离四个方面。

不同的发展经验，不同的发展水平，不同的承载能力和不同的社会、文化、政治与经济制度，导致居民对旅游业的影响有不同的认识。在国内外大量的居民旅游影响感知案例中，空间比较研究仅限于对单个社区或地区的描述性研究或主要侧重于几个相邻地区，但对不同社区居民旅游影响感知的比较研究成果相对较少。特别是缺乏对不同生命周期，不同社会、经济、文化背景下不同旅游地类型的空间比较研究。通过对不同旅游地居民的感知和态度的比较研究，不仅有助于及时发现问题，还能促进社区旅游发展态度的理论研究。

2. 旅游地社区居民的特征对体育旅游产业竞争力的影响

旅游地对体育旅游产业竞争力的影响不仅在于经济和社会层面，也体现在居民的人口特征、居民旅游与居住地的相关性和居民感知距离等方面。以下将从这些方面来阐述旅游地对体育旅游产业竞争力的影响。

（1）居民的人口特征对产业发展的影响

居民的人口特征是体育旅游产业发展的重要影响因素之一。不同年龄、性别、收入、教育程度的人群对体育旅游产业的需求和参与方式都有所不同：年轻人可能更倾向于参与体育赛事和户外活动；女性可能更喜欢文化体验和休闲活动；高收入人群可能更倾向于高品质的体育旅游服务；受过高等教育的人可能更重视文化底蕴和环境保护等议题。因此，旅游地需要根据不同人群的需求和特点，提供多样化的体育旅游产品和服务，以满足居民的多样化需求，增强产业的竞争力。

（2）居民旅游与居住地的相关性对产业发展的影响

居民旅游与居住地的相关性对体育旅游产业的发展有重要影响。如果当地居民能够充分参与体育旅游活动，感受到体育旅游带来的乐趣和益处，他们就会更支持当地体育旅游产业的发展，促进了产业的繁荣。此外，居民作为旅游地的主要消费者，其消费水平和品位也直接影响了体育旅游产业的发展方向和水平。因此，旅游地需要通过提供优质的产品和服务，吸引当地居民参与体育旅游活动，增强产业的竞争力。

（3）居民感知距离对产业发展的影响

居民的感知距离也是体育旅游产业发展的重要影响因素之一。居民对于体育旅游资源的感知距离，即居民愿意走多远去参与体育旅游活动，影响了体育旅游产业的市场扩展和发展方向。如果居民认为体育旅游资源距离太远或交通不便利，他们可能不愿意参与体育旅游活动，导致产业发展受限。因此，旅游地需要通过提升交通便利性、开发本地体育旅游资源等方式，缩小居民的感知距离，吸引更多居民参与体育旅游活动，提升产业的竞争力。

综上所述，旅游地对体育旅游产业竞争力的影响与居民的人口特征、居民旅游与居住地的相关性以及居民感知距离等因素密切相关。只有充分考虑居民的需求和特点，提供符合他们需求的体育旅游产品和服务，促进居民参与和支持体育旅游产业的发展，才能够提升产业的竞争力，实现可持续发展。

（二）旅游者视角下旅游地对体育旅游产业竞争力的影响

从旅游者的角度出发，旅游地对体育旅游产业竞争力产生的影响尤为关键。体育旅游资源不仅为旅游者提供了一个休闲娱乐的场所，同时也促进了当地经济的快速发展，提高了人民生活水平。必须重视并研究旅游者在体育旅游产品消费过程中产生的心理变化，以及这种心理变化对体育旅游产品消费造成的不同程度的负面影响。

目前中国旅游业正处于快速发展时期，旅游市场不断细分，旅游者类型更加多元，对旅游产品的要求越来越高。作为体育旅游产业的主力用户，旅游者渴望在他们的旅行目的地体验各种体育和旅游活动，同时他们也期望能得到行业内的专业建议和高品质的服务。

随着经济的发展，人们越来越追求个性化消费，旅游市场正逐渐向多元化方向发展。旅游者高度重视体育旅游的体验质量和舒适性，对旅游地有更高的期望，希望能亲身参与其中。他们渴望在各种体育活动中体验到不同的挑战和乐趣，从而获得丰富的个人体验和深刻记忆。这些需求促使体育旅游产业成为新的经济增长点，并为体育旅游的发展提供广阔前景。旅游地应当持续优化其服务质量和旅游者体验，以吸引更多的旅游者。

在体育旅游产业的发展过程中，必须高度重视环境与文化遗产的保护。旅游者关心的是旅游地的环境与文化遗产是否得到了适当的维护，他们对体育旅游的需求是多样化和个性化的。他们渴望获得与自身需求相符的运动休闲方式和娱乐放松空间，渴望在参与体育旅行的过程中呼吸到新鲜的空气，欣赏到未被破坏的自然风光，并体验到独有的文化环境。

体育旅游产业的竞争力也受到旅游者对当地文化和民俗的关注和重视。旅游者希望能够在体育旅游中了解当地的历史、风土人情，体验当地的传统文化和民俗活动。他们希望通过体育旅游活动，与当地居民互动，了解当地的生活方式和价值观。旅游地需要通过丰富的文化体验和民俗活动，吸引旅游者深度体验当地文化，提升产业的吸引力和竞争力。

体育旅游产业的竞争力还受到网络营销和旅游者体验设计的影响。旅游者希望通过各种渠道获得关于体育旅游地的信息和推荐，体验到个性化和定制化的旅游服务。他们希望在体育旅游中感受到独特的文化氛围，获得专属的体验和服务。旅游地需要通过创新的营销手段和体验设计，吸引更多旅游者选择体育旅游，提升产业的市场竞争力。

综上所述，旅游者是体育旅游产业的重要参与者和推动者，他们的需求和体验直接影响着产业的竞争力和发展水平。只有充分满足旅游者的需求和期待，提供优质的服务和体验，才能够提高体育旅游产业的竞争力，吸引更多旅游者选择体育旅游，实现产业的可持续发展。

第四节　体育旅游产业核心竞争力提升策略

随着社会的不断进步，行业间的沟通与交流愈加频繁，市场竞争也随之加剧。要想在竞争激烈的市场中保持稳定经营并获得发展，企业必须提升自身的核心竞争力。核心竞争力的提升对于包括体育旅游企业在内的所有企业都至关重要。作为体育旅游企业的管理者，应该注重增强自身的核心竞争力，并采取一切可行的方法和措施来实现企业的持续健康发展。

一、核心竞争力的概念、构成要素及特征

（一）核心竞争力的概念

企业的核心竞争力是一项至关重要的能力。在竞争激烈的市场环境中，具备核心竞争力的公司通常能够获得发展的有利条件，扩大市场占有率并获得可观的收益。核心竞争力可以被概括为一种长期积累形成的、能够驱动企业对市场及时作出反应的、其他公司或企业不具有的而本企业专有的能力。在激烈的市场竞争中，那些具备核心竞争力的企业更有可能抓住发展机遇，保持可持续发展的竞争优势。这种能力是企业多方面综合能力的体现，因此企业必须努力提升自身的核心竞争力，以保持在市场上的领先地位。

随着生活水平的日益提高与社会的进步，人们的认知水平也在不断提高。不同的学者对于如何提高企业的核心竞争力都有着各自独特的理解和观点。根据国内一些学者的观点，企业的核心竞争力在企业的持续经营和发展过程中扮演着至关重要的角色，若企业缺失这一要素，势必会遭遇发展上的困难。企业的核心竞争力是企业所特有的技术或营销优势。也有学者认为，体育旅游产业核心竞争力在于将技能、资产和经营管理等多个方面有机地整合在一起，各方协同获得竞争优势。只有合理整合这些要素，产业内的企业才能增强核心竞争力，在市场中保持优势地位。

尽管中国学术界对核心竞争力的定义上存在分歧，专家和学者尚未就此达成共识，但整体而言，大多数专家普遍认同以下五种表达。

第一，核心竞争力不是指某一技术专长和资源要素，而是一种资源整合能力，具有一定的系统性特征，属于一种综合能力。

第二，核心竞争力是一个以学习、创新为核心的企业系统中关键资源的组合，是能够使企业在一定时期内保持现实或潜在竞争优势的动态平衡系统。它是企业维持可持续发展的重要动力源泉。

第三，核心竞争力主要是通过核心技术专长，如独特产品、独特技术和独特营销手段等表现出来的。

第四，具备核心竞争力的企业非常注重核心产品的研发。企业产品的设计与开发人员一定要重视核心技术的研发与利用，设计出与众不同的、能满足人们个性需求的产品，这样才有利于提升自身的核心竞争力，从而在激烈的市场竞争中占据一席之地。

第五，一个先进的企业或公司通常都有自身先进的文化和正确的价值观，这一点区别于其他企业或公司，是其他企业或公司不能复制和模仿的，这是决定企业核心竞争力最为重要的因素之一。

（二）核心竞争力的构成要素

对于构成核心竞争力的要素，存在多种不同的观点，在这里主要介绍三种主流观点。

观点一：核心竞争力主要包括核心产品、核心技术和经营管理能力这三个要素。此外，硬核心竞争力和软核心竞争力两大类型的竞争力共同构成了企业的核心竞争力。硬核心竞争力和软核心竞争力对于体育旅游产业的发展至关重要。前者是指基于核心产品或技术的竞争实力，后者是指体育旅游企业在经营和管理等领域的能力。在两种类型的竞争力中，培养自身软核心竞争力的优先级最高，因为这种竞争力是企业独有的、是其他企业无法照搬的，在企业核心竞争力的提高方面具有至关重要的作用。这种观点强调了核心竞争力的综合性，但忽略了企业文化对企业发展的重要性。

观点二：企业文化和价值观是核心竞争力的主要组成部分。企业的核心竞争力可被界定为以下两种能力的综合：一是有效收集并整合各类资源，并将资源用于产品的生产或者自身核心技术提高的能力；二是充分发挥自身的专业知识，实现各种生产资源的有效利用，以确保产业内部各个方面顺利运转的能力。第二种能力又可被细化为以下五种能力：一是企业员工的知识和技能积累能力；二是产品设计和创新方面的能力；三是业务营运和组织能力；四是建立品牌和发挥品牌价值能力；五是特有的内部文化和社会主义核心价值观。总的来说，企业的核心竞争力主要体现在技能和知识、技术体系、管理模式和社会主义核心价值观这四个方面。需要注意的是，社会主义核心价值观是其中最为关键的部分。一个企业要想取得更好的发展，就必须拥有正确的价值观。

观点三：企业的核心竞争力主要由一些高等要素构成，这些要素都是无形的，潜移默化地影响着企业的发展。文化力是一个企业的核心竞争力。作为体育旅游企业，在平时的企业建设中，一定要将这一核心竞争力发扬光大，只有体育旅游企业的核心竞争力得到提升，消费者才能认可这一企业或者企业的产品和服务，从而促进企业在激烈的市场竞争中站稳脚跟并进一步发展。体育旅游企业要想提升自身的文化力，首先就要搞清楚文化力的内涵及构成。精神力和制度力是构成文化力的要素，体育旅游企业要重点加强这两个要素的建设，以此推动企业文化力的提升。只有在这样的情况下，体育旅游企业才能在激烈的市场竞争中占据一席之地，实现健康发展。

（三）核心竞争力的特征

1. 国外关于核心竞争力特征的描述

国外关于核心竞争力特征的研究，不同学者也持有不同的意见。有国外学者认为，体育旅游企业的核心竞争力特征主要体现在五个方面：一是体育旅游企业的核心竞争力并不是单一的方面，而是代表许多单个技能的整合；二是体育旅游企业的核心竞争力是一种综合能力，是一个知识积累的过程，主要包含隐性和显性两方面的知识；三是具有良好核心竞争力的体育旅游企业往往能为顾客所感知的价值作出非常大的贡献；四是具有良好核心竞争力的体育旅游企业通常具有与众不同的特性；五是具备良好核心竞争力的体育旅游企业能为进入新市场找到必要的消费者数量。

也有观点认为，体育旅游企业核心竞争力的特征主要包括以下五个方面：一是核心竞争力具有独特的价值；二是核心竞争力是异质的；三是核心竞争力不能被模仿；四是核心竞争力很难被其他企业替代；五是核心竞争力处于不断的发展和变化之中。

2. 国内关于核心竞争力特征的描述

国内一部分学者也对体育旅游企业的核心竞争力作出了分析，大多认为体育旅游企业的核心竞争力应具备以下五个方面的特征。

（1）价值性特征

具备较强核心竞争力的体育旅游企业通常具有较好的发展前景。长远来看，核心竞争力能为体育旅游企业创造更高的价值，能实现体育旅游企业降本增效，能为顾客提供良好的产品或服务，能帮助体育旅游企业占据较大的市场份额。

（2）独特性特征

体育旅游企业的核心竞争力并不是凭空产生的，而是需要长期积淀才能获得的，这是体育旅游企业所独有的，很难被其他企业模仿和替代。具有核心竞争力的体育旅游企业具有很大的竞争优势，会在很长的一段时间里保持较为强势的地位。

（3）延展性特征

延展性也是核心竞争力的一个重要特征，这一特征对于体育旅游企业获得核心专长及其他能力具有非常大的帮助，能为体育旅游企业扩张战略的实施提供重要的动力支持。

（4）动态性特征

核心竞争力的动态性特征是指，体育旅游企业的核心竞争力是处于不断发展变化之中的。具有这一特征的核心竞争力与一定时期的产业动态、企业资源和企业的其他能力等变量有着高度密切的关系。

（5）长期培育性特征

体育旅游企业核心竞争力的培养不是一时一日之功，而是在长期的发展过程中逐渐培育形成的，这就是核心竞争力的长期培育性特征。正因如此，核心竞争力才很难被其他企业模仿和替代。

以上就是国内外关于核心竞争力特征的主要描述。体育旅游企业要想在激烈的市场竞争中站稳脚跟，获得较高的市场份额，就必须想方设法地提高自身的核心竞争力，这是一个长久之计，对于体育旅游企业的长远发展具有重要的影响和意义。

二、影响体育旅游产业核心竞争力提升的因素

一个国家体育产业的繁荣程度可以由其在体育产业方面的竞争优势体现出来，因此，建立和巩固健康的市场竞争机制对于体育产业的发展至关重要。目前，中国体育产业在发展过程中仍然面临着不少影响其核心竞争力发展的困难和挑战。需要注意的是，中国体育旅游产业的发展并非独立进行的，这种发展与体育产业的发展密不可分，彼此相互促进，最终使整个产业链条得以壮大。体育产业产能的快速增长为体育旅游产业的发展打下了牢固基础，同时也为其提供了充足的支持和资源，而体育旅游的兴起则为体育产业开拓了更广阔的市场和发展空间，具体体现在以下四个方面。

第一，体育产业对推动体育旅游产业产能的持续增长至关重要。首先，体育比赛和健身活动对于吸引游客具有重要意义，它们为游客提供了丰富多彩的运动体验，同时也促进了体育旅游产业的繁荣。其次，举办体育比赛能吸引大量人群前来观赛和参与，在热情参加比赛的同时，人们也愿意尝试当地的旅游项目，推动当地旅游业的发展。最后，健身项目在全国各地的普及，也可以促进以特定项目为卖点的体育旅游产业的增长，吸引更多游客参与，并让他们亲身感受当地独特的文化。

第二，各旅游地举办体育活动也可成为游客前来的动力。通过举办运动比赛和健身活动等方式，可以吸引更多游客前来，同时也能提升当地旅游景点的知名度和声誉。举例来说，奥运会、世界杯等广受欢迎的体育赛事被世界各地的人们所热衷，这些赛事的举办地也因此吸引了大量的游客前来参观。

第三，旅游地特色的体育健身项目，如民间舞蹈项目和传统武术项目，这些项目也能获得游客的青睐，成为吸引游客的主打内容。

第四，体育旅游的盛行也能为体育产业提供更多的发展机会，扩大其市场份额。通过整合各地的体育活动和旅游资源，能够吸引更多消费者的目光，进而推动体育产业的发展。例如，一些新兴的体育项目，如攀岩、滑雪等，在旅游目的地的推广中得到了更多的关注和支持，从而实现了更快速的发展。此外，体育旅

游产业的发展也为体育产业提供了更多的商业机会，如体育装备销售、体育场馆建设等，从而进一步推动了体育产业的发展。

体育产业与体育旅游产业之间存在着密切的关系，两者相互促进、共同推动着整个产业链的发展。在未来的发展中，体育产业与体育旅游产业将继续深化合作，不断创新发展模式，共同推动体育旅游产业的繁荣和发展。同时，政府和企业也应该加强合作，加大对体育旅游产业的支持力度，推动体育旅游产业向更高层次、更广领域发展，为经济社会的可持续发展注入新的动力。总体而言，影响和制约体育旅游产业竞争力的因素主要有以下三个方面。

（一）需求因素

人们的需求是提高体育旅游产业核心竞争力的重要因素之一，随着时代的发展和人民生活水平的提高，需求因素的重要性愈发凸显。需求因素在体育旅游产业市场的发展体系中扮演着关键角色，只有符合人们的需求，体育旅游产业才能获得良性发展。时代的进步促进了个人经济状况的好转，人们开始寻求更多种类的体育消费选择，不再只满足于最基本的需求，而是对服务质量有了更高的期待。这也导致体育旅游产业的需求结构发生了变化，进而对其竞争地位产生了影响。通常来说，影响体育旅游产业发展的需求因素有以下两种。

1.人均可支配收入与闲暇时间

在当今社会快速发展的背景下，人们对消费的需求，尤其是在体育方面的需求正在发生显著改变。越来越多的人开始热衷于融合了健身、娱乐和休闲元素的体育旅游，并将其视为一种新型的消费选择。这一现象反映出人们对健康生活的热切渴望，同时也展现了他们对丰富且个性的生活方式的追求。在处理工作事务和学业问题之外的闲暇时间，人们也愿意参与各种体育旅游活动，放松身心、保持健康，丰富自己的业余生活。体育旅游可涉及多种活动，如户外探险、海边休闲和登山徒步等。通过参加这些活动，消费者可以感受到运动带来的愉悦，同时还能通过欣赏大自然的美景，让身心得到全面的放松和享受。总的来说，人们可支配收入和可支配时间的增多，促进了体育旅游产业的发展。随着经济的繁荣和人们消费能力的提高，消费者有更多的资金可以用来进行体育旅游。除此之外，劳动制度的优化和假期的增多，也使得人们有更多的空闲时间来参与活动。总而言之，加快经济发展的步伐，延长居民假期，是促进体育旅游产业持续健康增长的关键因素。

2. 消费者偏好

如今，体育旅游产品的种类越来越多样化，这为人们参加体育旅游消费提供了广阔的空间。在这样的形势下，体育旅游产业之间的竞争也越来越激烈。在这样的良性竞争环境下，体育旅游产业市场才能逐渐壮大，从而获得快速健康的发展。当人们具备了一定的消费能力后，其对同类产品或服务的选择主要取决于消费者的偏好，如果他们喜爱消费某一个体育旅游产品，就会长期购买，具有较强的品牌忠诚度。

但需要注意的是，需求因素仅仅是体育旅游产业市场发展的一个必要条件，而不是充分条件，只具备这一条件还是远远不够的，不能完全将其作为判断体育旅游产业发展程度的参考。在未来的发展中，我们要采取必要的手段与措施努力激发人们参与体育旅游消费的欲望和动力，将人们的体育旅游消费需求转变为实际的消费能力。与此同时，体育旅游产业经营者也要针对人们的需求不断开发创新产品或提供多样化服务，这样才能吸引更多的人参与到体育旅游消费之中，从而促进体育旅游产业的快速健康发展。

（二）资本因素

资本因素在体育旅游产业发展中扮演着至关重要的角色，是提高体育旅游产业核心竞争力的关键因素之一，主要涉及以下五个方面的内容。

1. 资金投入

资金投入对于体育旅游产业活动的开展必不可少，如场地建设、资源开发和设备设施引入等，要想顺利进行都必须得到充分的经济资助。如果没有足够的经济支持，各类体育比赛和活动可能会受到影响而无法如期举行。为了促进体育旅游产业市场份额的增长，需要持续吸引私人资本的加入，同时政府也应提供适当的财政支持并推行相应的减税政策，进而确保能有足够的资金被投入体育旅游产业市场的发展中。

2. 人力资本

当今时代，人才已经成为推动社会各个领域持续发展的关键因素，实现科技创新、经济繁荣和文化发展均需要优秀人才的推动和引领。目前，中国体育旅游产业属于新兴产业，而人力资本对于新兴产业的影响尤其明显，政府部门、企业管理者应重点关注。体育旅游产业将体育元素和旅游元素结合，创造了新颖的休闲体验，这一过程离不开富有创意的人才的积极推动。体育旅游产业的人力资源主要涵盖了从事经营、消费和其他相关工作的人员，他们不仅拥有丰富的专业知识和经验，还具备优秀的市场洞察力和创新思维。体育旅游产业的快速增长，得益于不断推陈出新的旅游产品和持续提升的服务水平。为了提升体育旅游产业的核心竞争力，相关管理者需要专注于培养和壮大人才队伍，应当增加对体育旅游专业人才进行培训的经费，并建立完善人才激励机制，进而从整体上提升人才队伍的质量水平。另外，为了吸引更多优秀人才从事体育旅游工作，必须加强人才之间的交流与合作。唯有如此，才能确保体育旅游产业有足够的人才供应，进而实现长期、稳定的发展。

3. 产业文化

体育旅游产业属于新兴的第三产业，其本身蕴藏着深刻的文化内涵，这一内涵是体育物质文化、体育制度文化和体育精神文化的总和。体育产业的文化属性主要体现在具体的体育产品和体育赛事活动之中。随着体育产业全球化的持续进行，体育产业的文化内涵也越来越丰富，为体育文化注入了新的时代气息。可以说，体育经济与社会文化之间的关系非常密切，二者的结合能推动体育旅游产业市场的繁荣与发展。因此，在今后的发展中一定要重视体育旅游产业文化体系的建设。

4. 产业组织

经过多年来的发展，体育旅游强国一般都具备了比较健全和完善的产业组织，但目前而言，中国体育旅游产业的发展还有较大的提升空间。体育旅游产业核心竞争力的提升实质上就是产业组织能力对市场资源的科学配置和利用。因此，是否具备一个完善的产业组织，对于体育旅游产业市场的发展及核心竞争力的提升具有重要的影响。

5. 体育科研能力

大量的实践表明，一个国家的科研水平在很大程度上影响着体育技术的创新，也影响着体育旅游产业核心竞争力的提升。科学技术对社会各个领域的作用越来越大，体育旅游产业的发展也不例外。为促进体育旅游产业的发展，我们必须加大体育科研的投入力度，加强体育科研的创新，这对于体育旅游产业市场的构建具有深远的影响和意义。实际上，体育旅游产业的发展在一定程度上依赖于现代科技的力量，无论是体育旅游产业规划，还是体育旅游市场的开拓，都需要强大的科研力量，否则就难以获得良好的发展和更强的竞争优势。

(三）区位因素

由于各地区的体育旅游资源存在着很大的差异，因此地理位置也是影响体育旅游产业发展的重要因素之一。区位空间结构理论能很好地反映经济活动的空间集聚程度和规模。在区位空间结构理论下，各项构成要素之间的关系非常紧密，它们是区域经济活动在地理空间上的分布格局及空间组合形式，是区域发展状态的显示器。产业空间格局的经济性取决于区位资源、社会环境、产业政策等空间基础。区域环境的优劣主要是相对于其他区域而言的，地理位置、环境质量、区域结构和区域差异等方面所显示出的综合优势是动态变化的，自然条件、资金实力、基础设施、行政效能、人口因素、交通运输是形成区位资源优势的基础。区位资源优势与良好的社会环境不仅能促进体育旅游产业的快速健康发展，同时还能带动其他相关产业的发展。因此，体育旅游企业要利用好自身的区位优势，争取设计出独具特色的优势体育旅游产品来吸引更多游客，促进当地体育旅游产业的快速发展。

三、体育旅游产业核心竞争力提升的创新驱动机制

（一）科技创新

1. 科技创新是体育旅游产业发展的核心动力

随着时代的发展，人们越来越重视科学技术的重要性和价值，科学技术已经在各个领域得到了广泛应用。可以说，科技已经成为现代生活必不可少的组成部分。21世纪，各大产业都已经实现了对科学技术的普遍应用，也因为这一原因，在推动体育旅游产业发展的过程中，相关人员更要重视科技创新工作。科技创新是体育旅游产业蓬勃发展的主要动力，有助于其快速、稳定且健康地提高市场竞争力。

2. 利用科技创新提高体育旅游产业发展的竞争力

科技的不断革新促进了体育产业的蓬勃发展，体育旅游产业也将呈现类似的发展态势。未来，各体育旅游企业应当密切关注市场动态，将消费者需求置于首要位置，积极创新并推出独特的体育旅游产品，以提升市场竞争力。体育旅游企业的成功很大程度上取决于他们在研发设计和科技创新方面的优秀表现，只有不断提升科技创新能力，企业才能在竞争激烈的市场中脱颖而出，进而增强自身对产业的影响力。

3. 现代信息技术拓展了体育旅游产业发展的空间

随着时代的进步，现代信息技术被广泛应用于不同的产业领域，也在推动体育旅游产业的创新和发展中发挥着重要作用。通过利用现代信息技术，推动体育旅游产业向信息化、技术化、知识化的方向迈进，有助于消除传统产业在发展过程中出现的信息沟通困难问题，推动体育旅游产业竞争力的良性增长。目前，现代信息技术正逐渐在体育旅游产业的各个业务层面扮演着日益关键的角色。也因为这一原因，体育旅游产业的管理人员，应当自觉在空闲时间努力提高自己的信息技术水平，进而促使科技元素渗透进体育旅游产业的方方面面，促进健全的信息平台的建成，最终为体育旅游产业的蓬勃发展打下坚实基础。只有充分发挥好现代信息技术的功能，体育旅游产业才能迅速、健康地发展。

4. 大数据技术推动了体育科技创新

随着大数据技术越来越广泛地应用，人类社会获得了快速的发展。在体育领域，大数据技术也得到了广泛应用。例如，大数据的运用为职业体育俱乐部、体育赛事组织、体育科学研究等提供了诸多便利，利用现代科学技术创造出的各种体育科技产品、体育健身器材等也深深吸引着广大的体育爱好者，成为体育产业重要的消费人群，促进了体育产业市场的发展。对于新兴的体育旅游产业而言，在当今时代背景下，也要充分利用大数据技术，设计出符合时代发展的体育旅游产品，逐步提升体育旅游企业的影响力，这样才能获得更大的发展。

（二）观念创新

1. 改变传统观念，不断学习新知识

21世纪，随着生活水平的提高，消费者愈来愈重视在体育旅游方面的投入，体育旅游产业由此进入蓬勃发展的阶段。为了推动体育旅游产业的发展，首先要做到的就是，明确体育旅游产业在推动社会发展、促进经济进步等方面的意义和重要性。为了促进体育旅游产业的健康发展，从事这一领域工作的人员需要持续深化对体育、旅游和相关领域知识的学习，进而建立起能够支持体育旅游产业管理工作的理论基础。

2. 强化政府引导和扶持

随着社会的不断发展，传统的观念已经无法满足现代人类的需求，也无法在体育旅游产业的发展过程中充分发挥自身的影响力，反而阻碍了体育旅游产业的

发展。也因为这一原因，体育旅游产业的相关人员需要逐步调整落后的发展理念和行为方式，为体育旅游产业创造新的发展机遇，最终制定出一个以市场需求和社会经济为主要考虑因素的科学发展计划。在这种情况下，政府部门应该积极引导，不断改进各部门服务的效率和质量，从而建立完善的体育旅游产业服务网络，持续丰富服务内容，为中国体育旅游产业的发展提供有力支持。

3. 构建大众创业、万众创新的体育文化空间

在现代社会背景下，我们要始终坚持理念创新，努力构建一个大众创业、万众创新的体育文化空间。不断加大体育旅游产业的投资力度，革新经营与管理模式，为中国体育旅游产业的发展营造一个良好的发展空间，提升国内体育旅游企业的影响力，提高体育旅游产业在国民经济中的地位。

（三）制度创新

历史与经验证明，体育旅游产业需要得到适当的制度支持，否则将无法实现良好的发展。因此，我们需要对体育旅游产业进行制度改革，确立健全的制度方针，从制度角度全面保障体育旅游产业的良性发展。创新的制度体系的建立可以纠正传统管理模式中与时代潮流不符的做法，并能够有效地整合各方资源，创造促进体育旅游产业和谐发展的环境，为体育旅游产业竞争力的提高提供有力支持。在促进制度创新方面，需要重点关注以下三个方向。

1. 构建产、学、研合作创新的资源配置机制

体育旅游产业是体育产业和旅游产业紧密结合的产物，为了推动其进一步发展，需要充分发挥各渠道、各方面的功能。除了应当争取政府的支持外，体育旅游产业还需要加强与大学、社会企业、不同体育组织等机构的合作关系，通过整合各种体育资源，建立合理的资源分配机制，将产、学、研三方面有机结合，逐步拓展体育旅游产业规模，提高其国际影响力，最终实现体育旅游产业的可持续发展目标。

2. 创新体育举国体制

目前，中国体育旅游产业存在发展体制不健全、影响力不足等问题。要想扭转这一局面，首先就是要转变思想，加强体育体制的创新。相关部门要积极响应国家号召，利用创新驱动机制，制定有利于体育旅游产业发展的政策和制度。在新的发展机制下，要迅速整合社会资源，努力实现体育旅游产业发展的目标。

随着现代社会和体育事业的不断发展，以往的一些制度与政策已不能跟上时代发展的形势，体育相关部门要充分认识到这一点，及时转变自身职能，构建一个健全和完善的产业制度体系，加强产业服务创新，这样才能极大地推动体育旅游产业的发展。

3. 创新体育旅游产业人力资源开发机制

如今人们的物质生活水平得到了极大的改善和提高，这为人们参加体育旅游活动创造了良好的经济基础。而在当前全民健身运动的推动下，每年参与体育旅游消费活动的游客数量日益增长，这也为体育旅游产业人才的发展创造了广阔的空间。

目前，中国体育旅游产业相关的岗位人才都比较稀缺，需要大力挖掘与培养。为培养一批高素质的体育旅游产业相关人才，政府相关部门要制定相应的优惠政策，引导和鼓励更多的人才进入体育旅游行业，同时还要加强高校教育体制改革，培养新型的体育旅游人才，为中国体育旅游产业的发展奠定坚实的人力资源基础。这样才能推动中国体育旅游产业的健康持续发展。

（四）服务创新

截至目前，中国在体育方面已取得了巨大成就，但尚未成为体育强国。虽然中国在竞技体育领域展现出强大的实力，但仍然无法凭此成为体育强国。因为世界范围内的体育强国，不仅在竞技体育领域取得了优秀的成就，还在群众体育、校园体育和体育产业等方面也获得了显著的发展。中国在上述几个方面展现的发展水准无法与体育强国相匹配。特别是在体育产业方面，与西方体育强国相比，仍存在明显的差距。体育旅游产业作为中国体育产业中的新兴领域，还有进一步提升的空间。为了使中国体育旅游产业的发展达到西方体育强国的水平，我们就需要以创新的思维方式来构建服务模式，建立高效的体育服务组织架构，完善已有的市场营销模式，提高体育旅游服务能力，给大众带来高质量的体育旅游享受，以此促进体育旅游产业的兴盛。

1. 构建外部与内部营销的服务创新机制

体育旅游产业的发展需要考虑到诸多因素，每一个因素都会对体育旅游产业的发展起到重要的作用。未来，中国体育旅游企业应根据产业发展趋势，创新服务模式，建立完善的体育旅游产业体系，最终推动体育旅游产业的可持续发展。

在体育旅游产业外部营销服务方面，应以顾客导向为基本原则，加强顾客与企业之间的密切联系，完善体育旅游产业的各项服务，努力提升体育旅游产业服务质量，提升体育旅游产业的竞争力。

在体育旅游产业内部营销服务方面，要不断增强员工的服务意识和能力，采取必要的奖惩手段，对于优秀员工要给予必要的奖励，对于不合格的员工要给予必要的处罚。只有从体育旅游产业内部员工入手，才能更好地提升体育旅游产业的服务质量，进而提升体育旅游产业的影响力，促进其进一步发展。

2. 构建弘扬民族文化的服务创新机制

加强体育旅游产业的服务创新，也离不开民族传统体育的发展。在现代社会背景下，弘扬传统文化是非常有必要的。民族传统体育作为中国传统文化的重要内容，也理应受到重视。在社会主义市场经济背景下，民族传统体育可以成为体育旅游产业经济的重要内容，民族传统体育市场的发展对于中国整个体育旅游产业的发展也有着极为重要的意义。促进民族传统体育市场的发展主要通过做好以下两个方面来实现。

一方面，要加强保护，防止民族传统体育文化资源的流失和闲置。中国是一个多民族国家，有着丰富的民族传统体育旅游资源。在旧思想观念的影响下，一部分传统的体育旅游资源随着时间的流逝而逐渐消亡，难以获得继承和发扬。因此，要想扭转这一局面，就必须构建一个促进民族体育传播与发展的服务创新机制，不断做好民族体育资源的挖掘与开发，这对于中国体育旅游产业的发展非常有帮助。

另一方面，要加强民族传统体育与其他产业的融合，实现共同发展。在中国体育旅游产业发展的过程中，要加强民族体育和西方体育的融合与发展，汲取西方体育文化的先进经验，取长补短，不断提高中国民族传统体育的竞争力；要将民族传统体育逐渐融合到现代体育产业之中，创造良好的体育旅游品牌形象，提升体育旅游企业的国际影响力，从而获得健康持续的发展。

四、体育旅游产业核心竞争力提升的思路与策略

（一）体育旅游产业核心竞争力提升的思路

体育旅游产业的发展需要遵循一定的规律，其发展过程并不是一蹴而就的，而应当按照相应的规律稳步推进。我们应该把注意力放在对长期目标的追求上，而不是只关注眼前的利益，忽略产业的长期、稳定发展。体育旅游产业的繁荣不

仅会受到市场规律的影响,也离不开创新因素的加持,只有兼顾科学的发展规划和持续的技术产品创新,才能提高体育旅游产业核心竞争力,稳固其市场地位,进而谋求更大的发展。

1. 更新发展理念,加快体育旅游产业化发展进程

促进体育旅游产业的创新发展是一项复杂的系统工程,它要求相关人员改变传统观念,倡导全新的发展理念,并采取必要的举措和方法提升体育旅游的产业化水平。在发展体育旅游产业的过程中,可以将该产业视为一个独立的经济单位,进而为其制定清晰的发展战略,持续促进体育旅游经济的增长。

2. 深化体制改革,促进体育旅游产业健康发展

为了促进中国体育旅游产业的更进一步发展,我们需要根据现状对相关部门或机构的运行体制进行有效改革。政府主管部门应根据当前体育旅游产业的发展方向,继续推进体制改革,建立科学有效的管理模式,同时在提供政策支持的前提下,促进体育旅游制度的系统化、规范化,推动实现体育旅游产业的良性发展。

3. 构建体育旅游产业发展的指标体系

体育产业自诞生发展至今,已成为中国国民经济发展的一个重要增长点,体育产业的发展越来越受到重视。而作为体育产业的重要内容,体育旅游产业的发展也要重视起来。体育旅游产业的规范化一方面是国民经济增长的需要,另一方面也是其自身发展的需要。因此,客观评价体育旅游产业发展的现状,制定一个体育旅游产业发展的科学指标体系,对于体育旅游产业的可持续发展具有重要的意义。但需要注意的是,建立的体育旅游产业发展指标既要符合实际,又要有远见,发展指标要科学和合理。

4. 培养一批优秀的体育旅游产业人才

为推动中国体育旅游产业的发展,还必须大力挖掘与培养相关产业人才,可以采取以下措施来实现:第一,在高校中开设体育旅游管理专业,培养一批高质量的体育旅游产业经营与管理人才;第二,通过培训班、会议交流等形式加强我国体育旅游高级管理人才的培养。只有做好人才培养工作,才能进一步推动中国体育旅游产业的健康持续发展。

5. 培育大型体育旅游企业,走品牌化发展道路

在经济全球化的背景下,中国政府应当制定一系列支持体育旅游产业的措施

和政策,以帮助竞争力更强的体育旅游企业拓展海外市场,实现国际化发展的目标。应当学习国外成功案例,打造独具特色的体育旅游品牌,同时提升体育旅游企业的行业口碑,向发达国家看齐,不断提高自身的体育旅游服务水平。

6. 建立和形成优势产业链,以优势企业带动弱势企业发展

中国的体育旅游产业发展水平与发达国家相比仍然存在明显劣势,但在体育产品制造业等领域也有一定的竞争优势。因此,应当专注于该领域的发展,努力拓展相关产业的规模,同时以高要求落实"一区一圈一带"三个区域发展的原则。在社会主义市场经济体制中,企业之间合作与竞争并存。各体育旅游企业之间应当积极开展合作,使得彼此的优势产业更强,同时弥补弱势产业的不足。

中国地域辽阔、资源丰富,不同地区之间的经济发展水平存在较大差异。因此,国内各地区在体育旅游产业的发展方面也呈现出不均衡的局面。为了改善这一现状,应当集中推动各地区特色体育旅游产业发展,通过优势产业带动弱势产业,最终实现体育旅游产业向协调、全面的方向进步。

(二)体育旅游产业核心竞争力提升的策略

随着中国经济转型升级的不断推进,体育产业作为高附加产业获得了空前的发展机会,这为体育旅游产业的繁荣奠定了良好基础。但在这种情况下,仍然存在着一些限制体育旅游产业蓬勃发展的因素,这些因素使得体育旅游产业遭遇了诸多挑战。因此,体育旅游产业应该与时俱进,采用多种方式和途径来提升市场竞争力,尽量减少消极因素的干扰,适应未来发展的需求。在当下的社会环境中,我们可以采用以下策略来提高体育旅游产业的市场竞争力。

1. 不断加大对体育旅游产业的扶持力度

体育旅游产业由体育产业和旅游产业有机结合而成,属于新兴的第三产业范畴,其体系非常庞大且复杂。体育旅游产业体系的构建需要政府的支持,同时也需要社会各界的合作推动。只有得到国家、地方政府和其他力量的支持,体育旅游产业才能逐步完善自身的市场体系,实现持续进步。需要强调的是,体育旅游产业在发展过程中必定会存在一个支柱型产业,支柱型产业在体育旅游产业的全产业链中扮演着至关重要的角色,能够引领其他弱势产业的发展。举例来说,中国体育赛事旅游、冰雪体育旅游便是代表性的支柱型产业,除此之外,我们还可以根据已有的经验,打造新的支柱型产业,进而促进其他相关弱势产业的发展。

随着中国社会主义现代化进程的不断推进，国内经济呈现出稳步增长的特点。目前，中国已发展为世界第二大经济体，仅次于美国，这种形势为中国体育产业的发展奠定了牢固的经济基础。在这种情况下，政府相关部门应该考虑当前社会经济的发展情况，深入研究体育产业市场的发展前景，特别是要着重推动体育旅游领域中具有重要战略意义的产业的发展。同时，政府和地方机构应该致力于创造有利于这些产业发展的环境，并为之提供政策支持，最终使得优势产业带动弱势产业发展，两者共同实现体育旅游产业持续发展的目标。

2. 提高各类体育旅游产品的核心竞争力

如今，人们的物质生活水平得到了极大的改善和提高，在这样的背景下，商品种类也越来越多，在体育领域也是如此。大量产品的出现为人们物质生活的丰富提供了良好的条件，但在物质生活得到极大丰富后，人们开始转向精神方面的需求。全民健身背景下，体育运动深受人们的青睐。这就为体育旅游产业的发展创造了良好的群众基础。随着参与体育旅游消费的人群规模越来越大，体育旅游产业获得了良好的发展前景。

在新的时代背景下，要想进一步提升中国体育旅游产业的市场竞争力，就需要采取各种手段与措施逐步提高各类体育旅游产品的核心竞争力，这一点至关重要。大量的研究与实践表明，利用现代高科技手段，能促使各类体育旅游产品的研发、生产、销售及相关服务等得到有效提升。要想进一步提升中国体育旅游产业的核心竞争力，就要大力发展科技，提高产品的科技含量，这需要引起政府部门及体育旅游企业的高度重视。

3. 利用宏观政策引导各地区体育旅游产业的均衡发展

中国地大物博，各个地区存在着经济发展不平衡的现象，表现在体育旅游产业领域也是如此。由于体育旅游产业在很大程度上依赖于所在地的旅游资源，因此在产业发展的不平衡性上表现得尤为明显。为扭转这一不利的局面，相关部门要制定有针对性的政策加以解决，如税收倾斜、资金扶持、制定体育旅游产业战略规划等。

除此之外，政府部门还要制定相关的文件和政策，鼓励体育旅游产业发达地区带动落后地区的发展，对经济落后地区要给予政策扶持与资源倾斜，不断拉动落后地区体育旅游产业的发展，实现各地区体育旅游产业的均衡发展。

第四章　中国体育旅游产业协同发展

本章从体育赛事旅游的协同发展、冰雪体育旅游的协同发展、少数民族体育旅游的协同发展三个方面，分别对中国体育旅游产业协同发展进行了介绍。

第一节　体育赛事旅游的协同发展

一、体育赛事旅游的基本理论

作为一种新兴的旅游活动，体育赛事旅游是体育赛事和体育旅游的一种综合体验，能够让消费者以参加体育赛事活动的形式，参与丰富多样的体育活动，进而获得精神和身体上的双重享受。

（一）体育赛事旅游的价值体现

旅游资源通常可以归类为自然旅游资源和人文旅游资源两种类型，体育赛事便属于后者的范畴。如果能够在特定地区举办，体育赛事就可被视为当地的旅游产品，能够吸引众多游客前来观赏。游客在观看或参与体育赛事的同时，他们的旅游需求也能很好地得到满足。体育赛事文化主要通过举办盛大的体育比赛来传达和展示。体育赛事旅游为游客提供了在比赛中享受快乐和刺激的机会，同时也激发了其作为消费者对该地其他旅游活动的兴趣，进而参与周边的旅游项目。

作为一种旅游资源，体育赛事不仅为消费者提供了旅游的新选择，同时也有可能让遭人冷落的旅游荒漠变成热门旅游胜地。从这种模式中，我们能够看出体育赛事对体育旅游产业的重要影响。体育赛事不仅拓展了体育旅游产业的边界，也推动了社会经济的蓬勃发展。除此之外，这种形式也同时为旅游产业和体育产业注入了活力，作为一种可循环使用的资源，为两者的未来发展奠定了牢固的基础。

（二）体育赛事旅游的显著优势

体育赛事旅游本身有着显著的优势，主要表现在以下三个方面。

1. 对旅游群体有更大的吸引力

当前，人们的生活、工作节奏都非常快，压力比较大，这就促使很多人希望能够在有限的节假日中，选择一些能够远离日常生活环境的活动，在轻松新鲜的环境中得到有效的放松，也使其回归自然的需求得到较好的满足，并在一定程度上改善自身健康状况。由此可以看出，体育赛事作为一项旅游活动，能够很好地满足消费者的上述要求，这一点是毋庸置疑的。

体育赛事举办地对旅游者的吸引力主要表现在两个方面：一是各项体育赛事的吸引力，旅游者既可以观看也可以参与；二是该城市景区景点的吸引力。

2. 有效弥补传统旅游资源的不足

大型的、具有市场号召力的体育赛事的吸引力仍然是比较大的。尽管举办地自身旅游资源较为匮乏，但还是会有大量的旅游者前来。这是因为，此时旅游者前来的主要目的是观看或参与体育赛事活动，在当地景区进行旅游成为次要需求。

3. 旅游长尾效应较为显著

事实证明，大型体育赛事的举办，给承办城市带来的旅游效应是非常显著的。这种旅游效应，有直接的部分，也有后续的持续影响力。前者主要是指赛事举办期间所创造的效应；后者则是指通过大型的体育赛事活动的举办，可以获得大量的信息，从中能够获取一些客观规律和商机，这就为新的旅游产品和项目的开发提供了依据，并创造了有利的条件。通常来说，在举办过一场成功的体育赛事后，主办方还会调查观众的需求，并且以此为依据，再进行后续活动的策划和组织，将广受关注和好评的活动作为特色项目长期保留下来，加大对旅游者的吸引力。这从某种程度上也对体育赛事赋予了更多的人文意义。并且通过举办大型的体育赛事活动，城市的基础设施得以改善，社会环境得到优化，这有利于提高旅游消费者对当地旅游项目的忠诚度。

（三）体育赛事旅游的特征属性

1. 突显"体育"与"旅游"的主题性

体育赛事旅游是体育产业与旅游产业融合的产物，因此，体育赛事旅游既具有体育产业的特性，也具有旅游产业的特性。这种双重属性也成为体育赛事旅游和传统的自然资源旅游与人文资源旅游的最大不同。体育赛事旅游独特的主题性主要表现在以下两个方面。

一方面，体育赛事旅游的重要特点之一就是对体育比赛的关注，体育赛事的主题是从比赛活动中自然衍生出来的，具有明显的休闲和观赏价值。高水平的体育比赛吸引游客预约、消费的作用非常明显，这也是体育赛事在旅游业中具有重要影响力的原因之一。在一定程度上，对于参与或观看比赛的赛事旅游者来说，体育赛事是他们选择体育赛事旅游的主要推动力和首要目标。

另一方面，根据"效益最大化原则"，大型体育赛事举办地举行的盛大宣传活动和赛事媒体广泛的报道，可以有效提升举办城市的知名度，从而吸引更多游客选择该城市作为旅游目的地。这不仅能够增加体育赛事举办地游客的数量，还能够十分有效地为当地旅游业注入活力，赋予了体育旅游产业巨大的经济效益和发展空间。

2. 深厚的文化吸附性

体育赛事本身就具有一定的文化内涵和人文特征，重大体育赛事总是能够将举办地的人文特性进一步地突显出来。例如，北京奥运会"人文奥运"的理念，对于宣传民族的文化个性是有很大帮助的，可以说，没有文化吸附力的体育赛事是缺乏内涵的。旅游文化本身作为一种旅游资源，是最具有魅力和持久生命力的，所以，为了促进举办地旅游事业的发展，在举办大型体育赛事的同时，也会组织大量的专项文化宣传活动，从而将举办地的特色文化充分展现出来。

体育赛事的举办，对于举办城市的发展是非常有利的。首先，能够对该城市的文化底蕴进行进一步的挖掘和开发，丰富和充实该城市的文化底蕴；其次，能够有效保护当地的一些文化遗产，对于举办城市文化品位的提高和更多现代元素的融入都是有积极影响的；最后，对于同世界先进文化进行相互交流、相互融合是非常有利的，这也在一定程度上体现出了体育赛事旅游深厚的文化吸附性特征。

二、体育赛事对体育旅游的多元化影响

体育赛事的举办对体育旅游产生了显著影响，这种影响是多元的，能够作用于体育旅游城市、体育旅游产业和体育旅游产品开发等多个方面，接下来将对其进行详细的介绍。

（一）体育赛事对体育旅游城市的影响

为促进中国城市旅游业的发展，一些城市正在举办体育赛事并制定了"体育赛事+旅游业"发展战略来提升自身形象，这种做法已经变得越来越常见。体育赛事的举办吸引了来自全球各地的众多运动员参与，同时也吸引了许多热衷于体育赛事的观众。这种现象也证实了体育赛事的举办对推动赛事举办地的旅游业发展起到了积极的作用。旅游者们在旅游的过程中，也能增加对举办地自然环境景观的了解。人们的关注将有助于提升比赛举办地在全国乃至全球范围内的知名度和声誉。

(二)体育赛事对体育旅游产业发展的影响

体育赛事举办前,通常会由政府、主办方和相关部门协同制定具体政策,同时提供一定的资金支持。通过这种做法,可以减少当地在发展旅游业方面的行政成本,并促进赛事举办地基础设施(如道路和酒店等)的建设,进而提升赛事举办地的接待能力。与此同时,这种举措也可以间接地提高该地区吸引投资的能力。

(三)体育赛事对体育旅游产品开发的影响

人们的消费观念和消费方式会随着社会经济的不断发展而发生变化,当前已经逐渐进入到一个休闲及体验经济的时代,因此在发展体育旅游方面,对体验型旅游产品的开发逐渐成为关注的重点。所谓体验消费,强调的是引导消费者为新奇、刺激买单,这也逐渐派生出了一种具有新奇且富含刺激属性的涵盖消费项目、商品、服务的新型消费方式。当前,在体育旅游产品的开发方面也将这种体验型体育旅游产品的开发作为未来发展的一个重要方向。

三、体育赛事旅游的发展前景

根据实际情况和调查结果,体育赛事旅游的发展呈现出可持续的广阔前景。有调查报告显示,旅游人士最常见的旅游目的是消遣娱乐和健身康复。在迎合消费者以上方面的旅游需求上,中国旅游市场展现出巨大的发展潜力。

经过对全球旅游发展趋势的分析可以看出,传统旅游业的观光模式已经无法跟上时代发展的潮流,旅游业务的开发空间日益缩小。因此,需要设计拥有新的主题特色的旅游活动,将体育赛事旅游作为焦点进行有效开发。开发重点应当在于凸显体育赛事的独特之处,将体育旅游定位为高水准的文化活动和主题性的赛事旅行。目前,越来越多的国内外游客对此表现出了极大的期待和热情,这为体育赛事旅游拓展市场提供了更广泛的机遇。同时,假日经济正逐渐成为经济增长的新引擎,体育赛事旅游将会越来越受到人们的关注和喜爱,拥有十分广阔的发展前景。

四、体育赛事旅游的可持续发展策略

体育赛事旅游有着巨大的发展潜力,为了推动其良性发展,需要制定一系列相关策略,具体如下。

（一）积极地给予政策支持，加强市场培育

随着体育旅游市场的不断扩张，体育旅游产业相关的领导者和从业者均需要接受新理念，迅速行动起来，充分利用地方的体育资源，合理整合遍布全国的旅游服务机构，从而扩大体育旅游产业所占的市场份额。另外，旅游部门应该积极展开行动，与相关企业加强合作，建立完善的体育旅游中介机构，推动各产业经济的协同发展，从而形成体育产业和旅游产业两大产业共同受益的格局。

除此之外，政府和相关机构应该制定一些与体育赛事旅游有关的政策，进而为该产业的发展保驾护航。政府还应当合理调整市场结构，维持产业结构稳定，促使社会经济持续增长。应该采取提供税收优惠、简化贷款流程和降低关税等措施，同时进一步放开体育用品企业的国际经营权限。国内企业要积极主动地向国际市场迈进，不能被动地等待机会。为了在对外贸易中获取事半功倍的效益，企业应当找准市场方向，确定有效的经营战略，打开国际市场的突破口。通过国际市场调研可以发现，各行各业的人们均对世界知名品牌的产品较为认可。因此，国内企业应该在寻找没有国际品牌产品竞争的市场上下功夫，扩大销售渠道，提升出口规模，增加外汇收入，最终促进中国体育赛事旅游的可持续发展。

（二）做好人才培养工作，建立用人机制并灵活运用

中国体育赛事旅游方面的专业人才是较为稀缺的，为了解决这一问题，应要求各部门积极拓宽人才培养的渠道。一方面，要发挥各大体育院校的优势。例如，体育院校和综合大学的体育、旅游院系在设置专业结构时要保证适宜性，具体可以根据实际需要进行相应的调整。与此同时，应加强社会人文学科及相关学科的建设，主要涉及经济学、市场学、营销学和法学等，要将这方面人才的培养计划确定下来，以复合型人才为培养目标，从而为政府和企业输送合格的经营、设计及管理人才。另一方面，体育产业部门一定要重视名人效应，借此来改善产品经营，并做好相关的活动开发工作。与此同时，企业要做好人才建设工作，不仅要善于培养人才、吸引人才、留住人才，还要为人才创造良好的工作环境，构建合理的人才激励机制，从而使中国体育旅游人才流失的情况得到有效缓解。

（三）优化产业结构，提高产品质量

在体育赛事旅游的发展过程中，要想方设法将境外资金和设备引入进来，从而使体育产业和旅游产业的结构与资源配置得到有效优化和完善，为两大产业的

联合、兼并、重组、改造提供必要的助推力，积极推动体育赛事旅游产业集团股份制公司的建立。同时，相关企业要根据自身的实际情况，创造出产品的独特优势，增强抵御风险的能力，并且在合理的产业结构和规模上形成较强竞争力。

第二节　冰雪体育旅游的协同发展

一、冰雪体育旅游的价值体现

（一）对冬季旅游资源的激活

中国位于北半球，北方地区冬季气候寒冷，旅游需求也相对较低。但随着冰雪体育旅游的兴起，冬季旅游资源得到了更好的开发和利用，有许多热爱滑雪运动的人会选择进行冰雪体育旅游活动。

如今，冰雪文化已经深深融入人们的赏雪、滑雪等冬季活动中，并与时尚生活和娱乐产业息息相关。在这种趋势下，许多地区因其冰雪风光成为备受瞩目的旅游胜地。一些知名的冰雪旅游胜地，如北京的"西山晴雪"、黑龙江的"兴安雪乡"等旅游目的地的兴起，体现出现代人对冰雪文化的喜爱与推崇。

（二）旅游内容越来越丰富

中国的滑雪运动组织目前与国际滑雪组织和多个国家的滑雪团队保持着密切的合作关系。开展滑雪团队活动、举办滑雪比赛已经成为国内各大景区冬季的常态，在每年活动期间，中国的滑雪爱好者都会与来自其他国家的同好进行积极的交流，实现了中西滑雪队伍的友好交往。

除此之外，中国登山协会每年会安排各种专业技能培训，如高山滑雪培训和攀冰培训等。随着社会的不断进步和经济发展水平的持续提高，冰雪文化正在中国迅速传播并蓬勃发展。在冬季，国内多地会举办各种形式丰富的冬季冰雪活动，知名度较高的冬季冰雪活动有黑龙江的"国际滑雪节"、四川的"南国国际冰雪节"等，这些活动在推广冰雪文化方面发挥着至关重要的作用。许多滑雪场也会举办滑雪节和庆典活动，这些活动为消费者提供了各种各样的有趣项目。随着冰雪运动旅游的兴起，旅游活动的选择变得更加多样。这推动了许多潜在的体育旅游爱好者成为实际的体育旅游参与者，为冰雪体育旅游事业的发展提供了动力。

(三)使旅游者身心需要得到满足

冰雪运动置身于雪山峻岭及林海雪原中,深处大自然的怀抱中,白雪皑皑、空气清新、阳光明媚、视野开阔,变幻莫测的冬景奇观能够使旅游者身心放松,取得心旷神怡的效果。与此同时,冰雪体育旅游者投身在"银装素裹"之中,与山、与林、与雪融为一体,伴雪共舞,能够充分体验冬季大自然所赋予的无限欢乐,对于消除积滞的烦恼与疲劳是非常有帮助的。

低温的冰雪环境能使人们勇敢顽强的精神、不惧严寒的意志以及对外界条件的适应能力得到有效锻炼。在全面均衡地锻炼身体的同时,还能对人体各个方面的素质和机能产生积极的影响,促进新陈代谢,有效防治各种疾病。

(四)形成新的旅游经济增长点

尽管中国冰雪运动发展起步较晚,但是其发展势头非常强劲,冰雪体育旅游已经在国内大部分城市有了显著发展。截至2023年,中国已建成的现代化滑雪场地有近千个,自然和人工溜冰场地数不胜数,每年到冰雪场地去体验溜冰滑雪的人已达数百万人次,并且呈逐年上升趋势。滑雪运动所带来的直接和间接的经济效益越来越可观,可以说冰雪体育旅游成为旅游产业新的经济增长点。

二、冰雪体育旅游项目的分类

冰雪体育旅游是一种社会活动。进行冰雪体育旅游的消费者在闲暇时间出于对体育运动的热爱或者受冰雪旅游资源的吸引,而前往其他地区参与或观看与冰雪体育相关的活动,从而强身健体、放松身心、扩展社交圈子。与此同时,相关产业也会随着该社会活动的举办得到发展。冰雪体育旅游项目可分为以下四类。

(一)冰雪观赏旅游

冰雪观赏旅游是指人们观赏用冰雪制作的艺术作品的旅游活动,这些艺术作品有冰雕、雪雕等多种形式。随着雕刻技术的不断进步,冰雕和雪雕越来越精致,不再局限于最初的简单形式。冰雕雪雕艺术不再单纯地作为一种技术产物,而是发展成为融合了丰富文化内涵的一种艺术形式。

作为一种独特的艺术欣赏活动,冰雪观赏为人们提供了一个巧妙运用冰雪资源、发挥自身想象与创意的机会。冰雪被艺术家们精心雕琢,成为令人惊叹的冰雕和雪雕艺术作品，展现出其作为自然素材的独特魅力。冰雕，是一种艺术家们通过将设计和雕刻技巧相结合，利用冰作为创作材料，创造出不同形状和风格的艺术作品的艺术活动。冰雕艺术源远流长，古代便有人开始利用冰块雕刻各种艺术作品，如冰灯、冰花等。随着时间的推移和雕刻技术的持续进步，冰雕艺术正在逐步向更精湛、更完美的方向发展，摆脱了过去单调朴素的风格。当今的冰雕作品以其多样且栩栩如生的外观形式吸引了大批的爱好者，同时，它还融合了丰富的文化内涵和艺术要素，形成了独特的艺术呈现方式。雪雕则是一种由艺术家利用雪块作为素材，借助精心的构思和高超的雕刻技巧来创作出生动有趣的作品的艺术形式。雪雕艺术家们注重精细和逼真的造型创作，他们常常参照动物、人物、风景等物象，运用高超的技艺，为雪雕赋予生动的艺术感。雪雕艺术展现出了深厚的传统文化底蕴和艺术家们的精湛技艺，更传递了人们对美好生活的向往和追求。

如今，冰雪观赏已经成为一种备受欢迎的旅游项目。无论是冰雕展览还是雪雕比赛，都吸引了众多游客前来观赏和体验。在这些冰雪艺术品的陪伴下，人们仿佛置身于一个纯净而梦幻的世界，感受到了冰雪艺术的独特魅力和无限创意。总之，冰雪观赏不仅是一种独特的艺术形式，更是一种文化的传承和发扬。它让人们在欣赏美的同时，也感受到了冰雪艺术的深厚内涵和文化价值。

（二）冰雪庆典活动

冰雪庆典活动是一种融合了体育与旅游的独特体验，特别是在节庆时刻，更充满了无限的欢乐与激情。这类活动通常结合了地方特色和文化传统，通过精心策划和组织，吸引了大量游客前来参与和观赏。节庆类冰雪庆典活动多种多样、各具特色。冰雕艺术节就是一个典型的例子，艺术家们用精湛的技艺将一个个冰块雕刻成各种精美的艺术品，令人叹为观止。冰灯节则展现了灯光与冰雪的完美结合，五彩斑斓的灯光映照在晶莹剔透的冰雕上，营造出梦幻般的场景。冰瀑节则让人们欣赏到冰雪瀑布覆盖的壮丽景象，感受到大自然的神奇魅力。而冰钓节则是钓鱼爱好者的天堂，他们可以在冰雪覆盖的湖面上尽享钓鱼的乐趣。此外，雪雕艺术博览会则展示了雪雕艺术的最高水平，精美的雪雕作品令人流连忘返。这些节庆类冰雪庆典活动不仅为人们提供了娱乐和休闲的场所，也推动了当地经济的发展。冰雪旅游作为一种新兴的产业，正在逐渐崭露头角。据统计，冰雪旅游已成为许多地区的重要经济来源之一，为当地创造了大量的就业机会和税收收入。此外，冰雪庆典活动还具有丰富的文化内涵。它们不仅展示了地方的文化特色，也传承了古老的民俗传统。通过这些活动，人们可以更加深入地了解当地的历史、文化和风土人情，增强了民族认同感和文化自信。

冰雪庆典活动作为一种特殊的冰雪体育旅游形式，不仅为人们带来了欢乐和深刻的印象，也促进了地方经济的发展和文化传承。在未来的发展中，我们有理由相信，冰雪庆典活动将会更加丰富多彩，为人们带来更多的惊喜和体验。

（三）冰雪赛事参与

冰雪赛事作为一类独特的体育赛事，不仅体展现了运动员的高超技艺和坚韧精神，还以其独特的魅力激发了冰雪产品的生命活力。这些赛事不仅仅是简单的体育竞赛，更是冰雪旅游的有效广告，为冰雪体育旅游产业带来了广泛的影响和可观的收益。

以冬奥会为例，作为全球最具影响力的冰雪体育赛事之一，它不仅吸引了全球最优秀的冰雪运动员参与，还获得了数以亿计的观众关注。这使得冰雪运动在全球范围内得到了更广泛的推广和普及，同时也促进了冰雪体育旅游产业的发展。在冬奥会期间，各国都会举办各种冰雪活动和展览，展示各自的冰雪文化和产品，为冰雪体育旅游产业带来了无限的商机。

除了大型的国际赛事，各地还可以举办各种小型冰雪赛事，这些赛事虽然规模较小，但同样能够为冰雪体育旅游产业带来不小的收益。这些小型赛事可以作为大型冰雪赛事的补充和延伸，吸引更多的游客前来参与和体验。同时，这些赛事也可以为当地的冰雪产业带来更多的商业机会和合作伙伴，推动冰雪体育旅游产业的快速发展。

此外，冰雪赛事的成功举办还需要得到社会各界的支持和配合。政府、企业、媒体等各方需要共同努力，为冰雪赛事提供优质的场馆、完善的服务和广泛的宣传，让更多的人了解和参与到冰雪运动中来。同时，冰雪赛事的举办也需要注重环保和可持续发展，保护好自然环境和生态资源，让冰雪运动得以长久发展。

总之，冰雪赛事是激发冰雪产品生命活力的重要手段之一，它不仅能够推广冰雪运动，为冰雪产业注入新的发展活力，还能够为当地经济和文化带来积极的影响。未来，我们期待更多的冰雪赛事在全球各地举办，推动冰雪体育旅游产业的进一步发展。

（四）冰雪风情体验

冰雪风情体验是一种独特的旅游方式，它让游客在欣赏美丽的冰雪景观的同时，也能深入了解当地的历史文化和民族风情。与一般的冰雪活动相比，民族冰雪风情所呈现出的活动风采更具民族性、历史性、地域性和文化性，这也是它备受游客喜爱的原因之一。在冰雪风情展中畅游，游客可以欣赏到各种精美的冰雪雕塑、冰灯、冰挂等景观，这些景观不仅具有极高的艺术价值，还蕴含着深厚的历史文化内涵。游客可以在欣赏这些景观的同时，了解当地的历史文化、民俗风情和宗教信仰，感受当地人民的生活方式和价值观念。例如，在中国的东北地区，冰雪风情体验是一种非常受欢迎的旅游活动。游客可以参观哈尔滨的冰雪大世界、长春的冰雪欢乐谷等景点，欣赏到各种精美的冰雪景观，同时也可以了解到当地人民的冰雪文化和生活方式。在这些景点中，游客可以品尝到当地的特色美食，如冰糖葫芦、冻豆腐等，感受到当地人民的热情和好客。此外，冰雪风情体验还可以促进当地经济的发展。随着冰雪旅游业的兴起，当地的酒店、餐饮、交通等产业也得到了快速发展，为当地经济注入了新的活力。同时，冰雪旅游也为当地人民提供了更多的就业机会，帮助他们实现增收致富。因此，冰雪风情体验是一种充满魅力和文化内涵的旅游方式，它不仅能够让游客欣赏到美丽的冰雪景观，还能够使其感受到不同地域和民族之间的文化交流与碰撞。在未来，随着冰雪旅游业的不断发展，相信冰雪风情体验将会越来越受到游客的青睐和喜爱。

三、冰雪体育旅游产业的特点

（一）参与性

从古代开始，冰雪活动就能够深入地反映特定时代人们的真实生活。也因为这一原因，冰雪旅游拥有鲜明的参与性。人们在日常生活中开发和利用冰雪资源的历史十分悠久，例如，冰灯的起源可以追溯到古代松花江流域人民的日常生活创作。每逢冬天，单纯地欣赏静止的冰雪美景可能会让人感到寒冷，但积极参与冰雪运动则有助于使人在运动中重新感受到童年时的快乐，像孩子一样在冰天雪地中尽情玩耍。

（二）体验性

冰雪旅游注重让人在冰天雪地中获得独特的体验，是一种具有体验性的活动。

游客在获得视觉体验的同时，可以沉浸在冰雪天地中尽情玩耍，感受冰雪带来的快乐，陶醉于纵情冰雪的美妙氛围中。不管是穿越茂密的树林，还是在山巅冰雪间滑行，那种古朴而自由的氛围都让人们对大自然充满热情。

（三）时效性

冰雪旅游受限于季节和气候，通常只有在冬季才能进行，冰雪旅游产业的发展也较为依赖自然资源。冰雪体育旅游产业的形成需要适合的气候和地形条件。冰雪旅游地主要位于寒温带或中温带，因为这些气候带能够在提供冰雪需要的温度的同时，不破坏人们旅游的舒适感。当一个地区的平均温度低于-18℃时，户外冰雪活动可能会受到一定影响。虽然北方冰雪期相对较长，但冰雪雕塑也无法摆脱季节的限制，冰雪期结束后冰雪雕塑也将不复存在。因此，冰雪旅游地只能再次等待冬季来临，然后重新开始冰雪活动。

四、中国冰雪体育旅游的协同发展

（一）中国冰雪体育旅游发展过程中面临的问题

截至目前，中国冰雪体育旅游产业，尤其是东北地区的冰雪体育旅游产业已经获得了一定程度的发展，但依然面临着一些制约发展的问题，主要包括以下四个方面。

1. 外部竞争日益激烈

2022年北京冬奥会的成功举办，使中国冰雪体育旅游产业受到了更多的关注，越来越多的地区意识到了冰雪体育旅游的重要性。这也使得想要借冰雪体育旅游实现地方经济增长的地区不断增多。

随着科技的迅猛进步，人工制冰和造雪技术在冰雪体育领域得到了更加广泛的应用。冰雪体育旅游项目不再依赖自然形成的冰雪条件，而是可以通过人工制造的方式实现。这也意味着东三省特有的冰雪旅游资源已经不再具有优势，越来越多的地区开始推广人工造雪和人工造冰技术。国家体育总局发布的《2023年全国体育场地统计调查数据》显示，截至2023年，中国冰雪运动场地数量达到2847个，其中滑雪场地935个，滑冰场地1912个。这导致国内冰雪体育旅游产业的市场竞争加剧，对于那些地域特色并不显著的地区冲击很大。

2. 存在重复开发现象

中国地域广阔，不同地域的突出特点是不同的，因此，不同地区在打造冰雪体育旅游项目时，应该将突出亮点作为项目开发的关键着眼点。但实际情况是，部分地区为了加快项目投入使用的进程，减少了其设计方面的投入，往往会直接模仿、移植那些已经建造好的滑雪场，这样做就与突出特色的初衷相悖了，从而导致一定的同质化问题。

3. 旅游资源开发的专业规划不足

经过多年的发展，冰雪体育旅游的资源已经逐步打破了地域限制，但是，其资源的性质没有发生变化，仍具有有限性、较难开发性的显著特点。除此之外，中国现阶段在这方面还缺少专业规划。

4. 人才不足、目标不清晰、宣传不到位

冰雪体育旅游项目的发展情况还取决于专业的冰雪体育项目人才，人才不足的现状制约了冰雪项目的进一步发展。由于部分地区存在项目定位不清晰的状况，尚未形成清晰、完整的市场目标，这也限制了该地区冰雪体育旅游产业的发展。除此之外，宣传营销的力度不够，一定程度上制约甚至阻碍了中国冰雪体育旅游产业整体知名度的提升。

（二）中国冰雪体育旅游的未来发展走向

通过研究现代冰雪体育旅游的发展情况，可以总结其未来发展的五个走向。

1. 整体的产业化发展走向

现代冰雪体育旅游产业与其他产业，如交通运输、机械加工等产业之间存在着一定的联系，其兴起也能够带动其他产业的发展和进步。此外，被带动的产业也会反作用于现代冰雪体育旅游产业的发展，最终形成共同发展的格局。

2. 冰雪设施、器材的高科技发展走向

科技的发展和经济的增长使得冰雪体育旅游产业逐渐拥有了更长的旅行时效和更大的冰雪区域。与此同时，滑雪器材也得以在降低成本的同时拥有更强的专业性，进一步增加了滑雪器材的安全性和便利性，新种类的冰雪活动形式如室内滑雪、室内溜冰等不断涌现。

3. 消费阶层的更广泛性发展走向

过去，冰雪运动被认为是与普罗大众无关的贵族运动，但如今这种观念已经

不再流行。冰雪运动现在已经变得更加普及，成为大众体育项目之一。根据这种趋势，未来将有更多的人参与冰雪体育旅游并为之消费。

4. 丰富性、趣味性发展走向

冰雪体育旅游的活动形式越来越多样化，新的冰雪活动形式不断出现，并且会遵循因地而宜、因人而异的原则，灵活多样，丰富有趣，实现个性化发展，传统竞技项目的观赏性发展走向也越来越明显。

5. 冰雪场地的多元化、多功能发展走向

未来单一功能的冰雪场地将会越来越少，拥有综合性和多元化功能的场地会逐渐增多，与人们的户外活动、野外生存和定向活动、回归大自然的活动融为一体，成为人们在四季都能够实现强体、健心、度假、休闲的"世外桃源"。

（三）中国冰雪体育旅游的发展策略

针对中国冰雪体育旅游发展过程中存在的问题，结合未来中国冰雪体育旅游的发展走向，从整体出发，归纳出以下发展策略。

1. 提高管理水平，改善软硬件条件

目前，中国冰雪体育旅游项目在数量上呈现不断增加的趋势，但是在发展模式上，基本还是沿用了之前的传统模式，这与当前冰雪体育旅游项目的发展态势是不相符的。因此，这就要求将冰雪体育项目与相关赛事、运动装备推广和其他冰雪项目衍生产品有机结合起来，同时还要关注其与其他产业的融合。在合作中相互促进、相互推动、互惠互利、合作共赢，将一条完整的冰雪体育旅游产业链建立起来，使游客多样化的需求得到满足，同时也为当地带来更多的旅游收入。

除此之外，冰雪体育旅游基地的管理水平也需要进一步提升，使其软件条件能够得到优化。与此同时，还要不断完善各个冰雪体育旅游基地周边的路线设计、交通道路和赛事订票等基础设施和服务，从而使游客在信息获取、参观游玩方面有更好的体验和感受，这也为该地区冰雪体育旅游基地的持续性发展奠定了良好的群众基础。

2. 加强专业人才的培养与管理

当前，中国冰雪体育旅游市场已经逐渐壮大起来，因此，对专业人才的需求也越来越大，主要包括专业技术人员和专业管理人员。为保证冰雪体育旅游产业的可持续发展，各地在冰雪体育旅游职业教育方面要进一步加大政策的倾斜，对于那些在地域上具有显著优势的学校，更要加大扶持的力度，设置体育旅游方面的相关专业和课程，做好专业人才的培养和培训工作，从整体上提升专业人员的综合素质，形成不管是营销管理方面，还是专业技术以及服务技能方面，都具有质量和数量双重保障的人才储备体系，从根本上为冰雪体育旅游产业的可持续发展提供源源不断的动力。

3. 加强宣传，打造当地旅游特色

由于缺乏创意，中国现阶段冰雪体育旅游产业发展中仍然存在着一些不良现象，如抄袭、复制等，导致尽管冰雪体育旅游基地数量多，但基本大同小异，具有地域特色的非常少，这也就决定了它们未来的发展前景并不乐观，无法实现可持续的发展。为了改变这一现状，也为了使中国冰雪体育旅游产业的多样性得到进一步的提升，应当采取积极的鼓励政策来推动各地区在客观了解自身地理优势的基础上，有效结合地域文化并考虑自身经济发展水平，将具有当地特色的旅游基地建设起来，做好品牌建设工作，加大宣传力度，打造品牌效应。

除了上述几方面的对策之外，还要有效进行冰雪体育旅游行业的监管工作，并且要将安全管控作为首要任务，保证冰雪体育旅游产业的安全、稳定发展。

第三节　少数民族体育旅游的协同发展

少数民族体育旅游是将少数民族传统体育活动与旅游相结合，让人们可以获得综合性的体验。这种模式不仅有效地利用了旅游资源和传统体育资源，还充分展示了少数民族的传统体育活动与旅游文化。它在深入挖掘传统文化、促进人类文化进步方面具有重要意义，成为现代旅游业发展的方向之一。

一、少数民族体育旅游资源的类型划分

截至目前，学术界尚未就少数民族体育旅游资源的类型划分形成统一的见解。认可度较高的分类方式有以下四种。一是按地区不同划分。少数民族的体育旅游资源主要分布在东北、西北、西南、中原和长江中下游等地区。二是按主题不同划分。可以把少数民族体育旅游资源划分为六类，包括纪念型少数民族体育旅游

资源、经济型少数民族体育旅游资源、竞技型少数民族体育旅游资源、狂欢型少数民族体育旅游资源、社交型少数民族体育旅游资源和综合型少数民族体育旅游资源。三是按文化结构不同划分。可以把少数民族体育旅游资源划分为物质资源、制度资源和精神资源三种。四是以民俗学的理论知识为依据，按民俗内容的不同进行划分。接下来根据第四种分类方式，具体划分出以下三种资源类型。

（一）生产劳动中的民族体育旅游资源

人类能够延续生命传承并取得发展，主要依赖于生产劳动的进行，而体育活动也起源于生产劳动的过程。通过对少数民族体育的历史进行研究可以发现，许多具有民族特色的传统项目和竞技项目主要起源于生产劳动活动，并在不断发展和演变过程中逐渐受到了群众的喜爱。少数民族居住的地区通常位于高山峡谷、险峻山脉和茂密森林中，他们主要从事农业生产，这也使得少数民族传统体育项目多具有山地民族特色，并从中衍生出了多种山地类的体育活动形式。

（二）民族艺术中的体育旅游资源

中国最古老的户外活动可以追溯到古代时期的狩猎歌舞。在少数民族的各种体育活动、娱乐活动和竞赛活动中，音乐通常被认为是必不可少的元素。体育和音乐通常会互相结合，形成多种伴随歌舞的体育活动形式。原始舞蹈和体育活动密切相关，一些少数民族即使受到了现代社会和环境的影响，仍然坚守着原始舞蹈与体育活动的紧密联系。也正是由于这种联系的存在，少数民族体育比赛与其他体育比赛相比更加引人注目。

少数民族体育项目数量众多且形式多样，其中包含了不少将舞蹈与体育相结合的项目。这些项目通过精彩的形式传达了少数民族群众对社会生活和自然界的认识、感情和期望。举例来说，在举办蒙古族节日敖包节时，通常会同步进行少数民族传统体育项目，如摔跤、赛马、射箭等活动，这已经成为少数民族庆祝节日时不可或缺的文化风景。

（三）依附地理环境的民族体育旅游资源

依附地理环境的民族体育旅游资源主要有四种类型，即山地民族传统体育、草原民族传统体育、北国冰雪民族传统体育、南国水乡民族传统体育。其少数民族体育的特点能够由其所处的地理环境反映出来，具有显著的地域性特征。

二、少数民族体育旅游资源的分布特征

少数民族体育旅游资源的分布特征，与少数民族的分布有着一定的联系，具体来说，可以归纳为以下四点。

（一）大杂居、小聚居

中国共有56个民族，除了汉族，少数民族有55个。从总体上来说，各个民族呈现出了以多民族大杂居、小聚居形态生存的"混居"状态。民族传统体育是民族传统文化的体现，也是其承载体，各民族之间存在着"混居""大杂居"的状态，决定了民族体育项目"大杂居"的显著特征。"小聚居"是相对"大杂居"而言的，民族传统体育项目"小聚居"特征主要从项目地域分布相对比较集中、项目的地域性特征突出两个方面来体现的。

（二）资源集中在经济相对落后地区

民族体育项目是在各自不同的区域中，在自然因素、历史因素等的不断影响下逐渐形成的，能够反映该区域、该民族特色的事物。部分少数民族所处区域与经济发展水平较高、社会事业发展先进的东部沿海地区相比，在人们的生活水平方面有着一定的差距。除此之外，较为突出的影响少数民族体育项目发展的问题还包括基础设施不完善、产业发展不充分、人力资源开发不配套、城市化进程不均衡，以及生态环境不乐观等。

（三）民族交融性

由于各民族文化交流与融合发展日益深入，同一项目在不同民族间逐渐实现了相互之间的交融。目前，很多民族体育项目的内容并不是本民族传承下来的原始状态，而是不同民族文化整合之后的结果，换句话说，就是通过对不同民族文化的吸收，而逐渐形成的多民族共有的传统文化。中国少数民族众多，并且是大杂居的分布状态，很多民族之间的差异化并不显著，存在着很多共通的东西，因此，这些民族中所产生的民族体育项目也会在某些民族之间具有相似性或共通性，这也在一定程度上反映出了该项目的多民族文化相互融合的特点，已成为中华民族所热爱的共有的文化遗产。

少数民族的文化内涵不断丰富和充实，文化形式也越来越多样，这与对汉族及其他少数民族优秀文化的吸收有着非常密切的联系，再加上长期采用相同的生

产方式,生活在相同的自然环境,许多少数民族传统体育项目成为多民族所共有,同时也不可避免地将本民族的某些特点融合了进去。这也将民族体育项目民族交融性和融合性的显著特点体现了出来。

(四)地域和环境的依附性

各民族的生存和发展都是在一定的地域和环境下才能进行的,外部条件和生存空间的优劣对于一个民族的延续是非常重要的,各民族生活的地理环境是各不相同的,在对环境的适应和改造过程中,创造出的文化也是各具特色的。自然地域环境的差异性是各民族传统体育差异化最有力的佐证。因此,千姿百态、纷繁复杂的少数民族体育,其由来与表现特征都带有典型的地理环境差异性,即地域性特征,这点是毋庸置疑的。

三、少数民族体育旅游发展中存在的问题

目前,少数民族体育旅游产业已经有所发展,并在所有的体育旅游产业中开辟了属于自己的一席之地,拥有较大的发展潜力。然而,少数民族体育旅游资源的设计和开发中仍然存在着一些问题,可能会影响少数民族体育旅游的进一步发展。

(一)没有突出少数民族体育旅游的特色

许多少数民族景区的项目规划较为同质化,缺乏独特性、精致感和高端感,对文化内涵的深度挖掘不足。例如,在东北地区,滑雪、滑冰等运动项目人们已司空见惯。这意味着少数民族体育旅游产业发展还有很大的进步空间,应当加大对其资源的开发力度。目前,中国少数民族体育旅游项目相对稀少,特色体验项目不够丰富,这导致民族体育旅游产业的发展在广度和深度上还有很大提升空间。因此,亟需将少数民族地区的体育资源整合进体育旅游产业,开发独具本土民族风情的体育旅游项目。此外,应当重点提升中国少数民族体育旅游项目的质量。需要充分利用地方丰富的历史文化遗产和古迹,为少数民族体育旅游的发展提供养分。

(二)体育旅游专业人才存在缺口

随着中国体育旅游产业的持续发展和壮大,体育旅游专业人才不足的问题日益显著。最新调查表明,中国体育旅游产业专业人才数量相对不足的问题,已经

限制了产业的进一步发展。与此同时,已有的体育旅游产业从业者未能与时俱进,专业水平需进一步提升。总的来说,在体育旅游产业的发展过程中,培养拥有专业技能和多元化素养的体育旅游人才刻不容缓。

目前,因为缺乏充足的专职员工,体育旅游运动项目的从业者大都为兼职人员,不具备较高的组织能力、讲解能力和表演能力。这些工作者主要是在村寨临时雇佣的,经过短期培训后匆忙投入工作。从业人员素质的缺乏导致体育旅游项目的开展经常受到阻碍,制约了体育旅游产业的发展,同时还对民族体育的审美价值、艺术价值的发挥产生了负面影响。也因为这一原因,我们需要加大投资和支持力度,培养更多体育旅游专业人才。

(三)部分少数民族体育项目日渐濒危

当下,中国的经济发展水平、人们的物质生活水平都有了大幅度的提升,参与到体育旅游中的体育爱好者也呈现出逐年增多的趋势,按照这一发展情况,少数民族体育的发展也应呈现出上升趋势,但实际情况却与预想的有很大出入。相反,少数民族体育项目正日渐濒危甚至消失。

导致这一情况发生的原因是多方面的。一方面,经济全球化和外来文化的不断入侵,使得少数民族体育较难在独善其身的基础上有所发展,可以说,这是中国少数民族体育项目和文化发展的重要影响因素。另一方面,近年来,相关部门对少数民族体育的关注程度不够,在支持少数民族体育发展方面的投入不足,导致不同地区少数民族体育的发展程度参差不齐,并且发展较为落后的占较大的比重。很多少数民族体育项目由于地域、历史、观念差异等因素的影响,导致开展的范围仅限于本民族,这也造成了很多少数民族体育项目开始面临失传的局面,只有一些老人还有这方面的知识和经验,而鲜有年轻人愿意去学习和掌握这些项目了。

通过对上述内容的分析可以得知,部分民族体育项目并没有向大众开放,因此,普及程度还相对比较低,大众对这方面没有较高的关注度,这也是少数民族体育项目非但没有得到高速发展,反而日渐式微的重要原因。与此同时,由于中国城市化进程的速度不断加快,去城市打工的人在数量上不断上升,这就导致在少数民族居住地生活、工作的人口数量不断减少。目前,很少有人去深入地研究少数民族体育项目了,这也是当前少数民族体育项目发展所面临的一个重大制约问题,亟须解决。

(四)部分少数民族体育资源开发欠缺科学性

部分少数民族体育旅游作为体验民族风情的一个项目,其在旅游活动中所处的位置,只是以一个节目表演的形式穿插其中,或是作为附属节目,没有将少数民族体育旅游的重要性体现出来。同时,旅游目的地对少数民族体育的认识存在较大的不足,对其显著的竞技价值也没有进行充分的了解与认识,因此,并没有将此作为民族旅游的单独项目进行开发和利用,更没有从社会化、产业化的高度进行开发与利用。这是部分少数民族体育资源开发欠缺科学性的一个重要体现。另外,近年来,尽管体育旅游已经得到了显著发展,并且形成了一定的规模,但是,少数民族体育资源开发不均衡的问题仍然存在。这也影响到了其科学化开发和发展的进行。

(五)知名度有待提升,宣传工作不到位

从全国范围来看,中国的旅游资源是非常充沛的,经过多年的发展,也逐渐积累了大量举办体育旅游活动的经验。尽管如此,大部分体育旅游项目的知名度还是相对比较低的,导致这一现象的主要原因是缺乏系统有效的宣传活动。调查发现,部分景区不重视对少数民族体育旅游的宣传,没有充分利用多种途径进行宣传,也就无法扩大少数民族体育旅游的知名度。此外,民族传统体育主要是以家庭的形式逐渐传承下来的,有些少数民族的体育比赛是表演形式的,与当下主流体育文化具有一定差距,且因为传统民族体育极具区域特征,也很难被其他地区游客接受。这就导致少数民族相关的传统体育项目在缺乏游客调研和活动策划的基础上进行宣传,很难起到良好的宣传作用,所引起的关注度也非常有限。由此可以看出,要想提升少数民族体育旅游项目的知名度,科学设计宣传内容、加大宣传力度是主要途径之一。

(六)旅游黄金周开发不足

少数民族体育项目的热度在旅游淡季和旅游黄金周并没有明显的差异,这意味着旅游黄金周未能在创造社会效益和经济效益方面充分带动少数民族体育旅游的发展,导致少数民族的体育旅游资源未被有效利用。

造成这种情况的主要原因有两个方面。一是主办方的组织形式不够健全。少数民族体育项目通常是由民间机构担任主办方,但这样的主办方在资金支持、组织能力和策划能力等方面并不合格,导致无法推动少数民族体育活动观赏性和吸

引力的有效增强，甚至可能对其发展产生不利影响。二是主办方的实力不够强大。众所周知，举办民族体育活动的组织单位所在城市的级别越高，活动规模和吸引的游客数量也会随之增大。因此，要想吸引更多游客，主办方必须具备强大实力，只有这样，才能最大限度地展现民族体育项目的魅力。

（七）还未形成体育旅游产业的完整产业链

对于不同区域体育旅游产业的发展来说，其都能将当地的地域优势、自然环境特点和特有的特色项目体现出来。例如，东北地区的冰雪体育旅游项目，南方地区的漂流、冲浪等体育旅游项目等，这些都对当地旅游业的飞速发展起到积极的促进作用。体育旅游涉及旅游、食品、交通、住宿、娱乐和购物等一系列过程，但是这一系列过程中的有效衔接与串联还没有形成，这就导致少数民族体育旅游完整的产业链还没有正式建立，在一定程度上制约了少数民族体育旅游的进一步发展。

四、少数民族体育旅游的发展策略

在深入研究目前少数民族体育旅游产业发展面临的困难之后，我们不难发现，少数民族体育旅游仍受制于各种因素。因此，针对这些因素制定有效的应对措施对于推动少数民族体育旅游的可持续发展至关重要。具体策略如下。

（一）要对发展的重要性有充分认识

发展受限于认识水平的高低。因此，改变观念、提升认知对促进少数民族体育旅游的发展至关重要。许多少数民族地区的经济、文化发展水平较为落后，这受到了来自历史、地理等多方面因素的影响。由此可知，少数民族体育旅游的发展需要经历漫长的努力，具有长期性和艰巨性。

根据经济发展水平的高低，可将少数民族地区划定出不同的发展阶段。一些地区的经济发展相对滞后，会限制甚至阻碍当地少数民族体育旅游产业的进步，而那些经济相对发达的地区则在发展少数民族体育旅游产业时更具优势。总的来说，少数民族体育旅游的兴起离不开经济因素的支持，区域经济发展水平对一个地区体育旅游产业的进步起着决定性作用。

此外，一些地区由于地理位置的偏僻和历史原因导致居民受教育程度偏低，缺乏专业人才，且不具备先进的产业化意识，这些不利因素都会阻碍少数民族体育旅游业的发展。也因为这一原因，我们必须认真了解当前面临的挑战，同时意识到发展少数民族体育旅游产业的长期性及艰巨性，在此基础上，寻求广阔的发展空间，创新发展道路，坚定发展相关产业的决心与意志。

（二）确定经营理念，做好品牌建设工作

在推动少数民族体育旅游产业可持续发展的过程中，应当打造独特的旅游品牌，明确经营理念，这将对该产业的发展起到关键性的保障作用。

发展少数民族体育旅游产业可以采取多种渠道，如利用少数民族的传统文化、舞蹈表演、特色美食、传统体育项目等。除此之外，还需要对这些渠道进行深入的研究与开发，以便打造出独具特色的少数民族体育旅游品牌。

（三）做好人才的引进、培养与培训工作

人才在包括少数民族体育旅游在内的所有领域的发展过程中都扮演着至关重要的角色。因此，加强对专业人才的培养是促进少数民族传统体育旅游发展的关键举措。招募、培训少数民族体育旅游专业人才具有极其重要的意义。

1. 人才引进方面

人才引进的途径主要有两个方面：一方面是各大高校。高校可以根据自身的情况，开设一些少数民族体育旅游相关的专业或者课程，对专业人才进行定向培养。同时，还可以依据发展的需要，通过高校，积极引进专业化人才，将这些人才充实到少数民族体育旅游发展的队伍中来，使人才队伍不断壮大，使队伍的稳定性得到保证。另一方面是外地引入。通过人才市场，根据需要从外地积极地引进体育旅游领域的行家里手，从而使少数民族体育人才队伍的专业性得到保证。

2. 人才培养与培训方面

人才的培养与培训，主要是针对本地专业人才来说的。要立足本地实际，对本地的人才资源进行大力挖掘，将区域人才潜力尽可能地开发出来。同时，还要建立人才资源库，其中除了专业人才外，还包含了各种民间体育艺人、能人等。除此之外，加强对少数民族体育旅游的管理也至关重要，因此，管理方面人才的培养与培训也不可忽视，要为相关工作人员提供良好的学习和培训机会，从而为少数民族体育旅游的长远发展和可持续发展创造良好的条件。还要建立科学的人才培养机制，制定长期人才培养计划和方案，从而为少数民族体育旅游发展提供人才支撑。

（四）增加少数民族体育体验项目

应根据不同民族体育项目建设相应的体育场馆。在休闲场所，要将娱乐性特点充分体现出来，进一步扩大人们的接受范围，鼓励人们积极参与少数民族体育项目的体验活动。

在运动体验型场所，竞技性是非常突出的特点之一，其能够有效增强少数民族体育运动的魅力和趣味，使运动体验更加丰富。例如，通过少数民族体育赛事的举办，能够让游客亲身观看这些具有少数民族特色的体育比赛。不管体育旅游场所的具体类型是什么样的，加强对少数民族传统体育文化的推广，打造特色旅游，都是非常重要且必要的。

（五）加大少数民族体育资源的开发、挖掘、整理力度

要对保持完好原始风貌的民族聚居地进行全面的调查和了解，加大对这些地区的保护力度，对各种富有特色的少数民族体育旅游资源进行深入挖掘，开发力度要适当加大。与此同时，对原始素材的收集也要有所加强，使这些少数民族体育旅游项目不断得到系统整理，使其发展的完善程度有所提升。

在确定下来少数民族体育旅游资源的民族特色之后，还要使其与现代人的特点和需求相适应，这主要涉及审美理念、文化观念及价值取向等方面。在世界旅游发展的带动下，未来少数民族体育旅游的显著发展趋势之一，就是向国际化发展。因为只有顺应经济全球化发展的趋势，少数民族体育旅游事业才能够始终充满着生机与活力，才能实现可持续发展，从而在社会化和产业化的道路上走得越来越远。

（六）借助宣传提高知名度，打造体育旅游品牌效应

加大宣传力度、提高开放水平是帮助少数民族体育旅游发展的关键措施之一。首先，必须深入研究市场发展的趋势，同时提高开放水平，积极推动体育改革，促进少数民族体育旅游的发展。其次，必须积极引进最新的管理理念、先进技术和专业人才，持续改善、优化已有的管理模式和技术，确保获得良好的发展。最后，需要在如何加大宣传力度方面进行深入研究，并尝试不同的营销策略，如利用影视、网络、移动广告等多种渠道，全面而多样地展现少数民族体育文化的独特魅力，从而吸引更多消费者参与少数民族体育活动。

除此之外，少数民族传统体育的发展也必须依赖于品牌建设。因此，我们需要充分发挥目前的体育旅游资源和设施的价值，将少数民族传统体育项目融入旅游产业，在推动体育旅游普及的同时，提高少数民族体育旅游的知名度，推动少数民族传统体育旅游的繁荣。同时还应注意遵循环境保护和科学发展规范，致力于可持续发展，实施品牌战略，建立品牌形象，提升市场竞争力。最终扩大少数民族体育旅游品牌的知名度，甚至将少数民族体育旅游品牌推广进入国际市场，为增强中国体育旅游产业的全球竞争力，促进地方经济增长发挥重要作用。

（七）将各地优势充分发挥出来，形成特色

对于少数民族体育旅游来说，其要获得良好的发展，充分发挥自身的优势，形成鲜明的特色，是非常有效的一个途径。具体可以从以下三个方面着手。

首先，要将国家政策优势充分利用起来。政府对于少数民族地区的发展有一系列的优惠政策，只要抓住机遇，乘势而上，就能够对少数民族体育旅游的发展产生促进作用。

其次，要将基础优势充分发挥出来。经过长期的发展，少数民族体育旅游的基础已经得到一定的积累。在这样的背景下，就要对各个重点项目进行全面有效把握，形成鲜明的特色，通过以点带面，将重要旅游景点的辐射带动作用充分发挥出来。

最后，要紧紧抓住政策机遇，为少数民族体育运动的开展提供必要的助推力。通过积极引导，使越来越多的人能够积极主动地参与到少数民族体育运动中来，同时能够为少数民族体育旅游的发展培养更多的专业人才。

（八）推动少数民族体育旅游社会化进程

少数民族体育旅游事业要想做大做强，就必须从社会化的角度入手，将少数民族体育旅游产业融合到社会生活的各个领域中。通过供给对象、管理、场所设施和资金筹集的社会化，为少数民族体育旅游的社会化进程提供有效的助推力。

（九）加强"体育+旅游"的融合，完善服务配套设施

目前，中国在综合旅游场所建设、服务体系和各种配套旅游产品开发等方面是较为欠缺的，还有待进一步加强，应将体育旅游、娱乐、休闲、购物、餐饮、

住宿等融为一体,协调发展。在旅游设施生产行业、相关设备制造业、体育装备器具制造业,以及围绕旅游业务的房地产业、娱乐业、餐饮业、金融业、信息产业、基础交通运输业和其他产业,应加强关注相关工业和整体体系的发展情况。此外,做好旅游景点配套设施的建设工作也是少数民族体育旅游发展不可或缺的重要任务之一,这是景区质量的一个重要体现。

第五章 中国体育旅游产业协同发展研究的典型案例分析——以山东滨海体育旅游为例

如今，中国经济发展正处于转型升级的重要阶段，旅游产业得到快速发展，逐渐成长为新兴主导产业之一。作为旅游产业的一个分支，中国体育旅游产业尽管起步较晚，但是发展速度极快，很多城市开始打造体育旅游名片，将体育旅游作为本地旅游业发展的新支点。山东滨海地区有着丰富且多样的体育旅游资源，其体育旅游产业发展前景广阔。本章为中国体育旅游产业协同发展研究的典型案例分析——以山东滨海体育旅游为例，分别介绍了山东滨海体育旅游分析、山东滨海体育旅游产业资源、山东滨海体育旅游产业优化三个方面的内容。

第一节　山东滨海体育旅游分析

一、山东滨海发展全域体育旅游的重要性

山东作为沿海大省，滨海旅游资源丰富，为进一步推进旅游业发展，促进区域经济转型升级，必须积极发展滨海全域体育旅游。这有助于统筹全省滨海旅游资源，提升环境质量，促进城镇地区优化发展，更好地满足国内旅游市场需求，进一步推动优势产业发展，实现公共服务、生态环境共享，同时这也是将山东打造为海洋强省、旅游强省、体育强省、文化强省的重要途径。

（一）建设蓝色山东的需要

中国显著的滨海优势所带来的不仅是渔业资源，还有广阔的经济发展空间，对于中国的经济发展和安全而言，海洋具有重要的战略性地位。党的二十大报告提出："发展海洋经济，保护海洋生态环境，加快建设海洋强国。"为建设海洋强国再一次吹响了号角。一方面，需根据实际发展情况不断优化顶层设计，合理地进行统筹规划，始终坚持以生态为先，不可为经济效益牺牲生态效益；另一方面，需积极调整产业结构，引导和支持海洋相关的产业转型升级，培育和发展滨海体育旅游等海洋新兴产业，着重发展现代海洋服务业，大力开发和挖掘海洋旅游资源，增加资金支持科技研究，提升海洋核心技术自主创新能力，针对海洋事业发展需要加强高等教育改革，培育多层次多类型的海洋人才，实现海陆统筹、联动发展。海洋旅游空间是一个包含海陆空的立体多元空间，蕴含着丰富的旅游资源。挖掘和开发海洋旅游资源，发展海洋体育旅游产业，不仅有助于促进经济增长，调整产业结构，还有助于彰显和行使我国的海洋管辖权。中国十分重视海洋旅游业的发展，将2013年确立为"中国海洋旅游年"，2020年开展了"海洋科学发展战略研究：2021—2035"项目，强调发展海航旅游，积极建设海洋强国。

山东省海岸线漫长曲折、海洋资源丰富，是海洋大省。当前，山东省的经济发展对海洋空间、海洋资源的依赖程度大幅提高，已发展成为高度依赖海洋的外向型经济。1990年，"海上山东"的概念首次在官方文件中被提出；1998年滨海旅游成为"海上山东"建设四大工程之一。近年来，国家高度重视山东省的海洋事业发展，国务院先后于2009年和2011年批复了《黄河三角洲高效生态经济区

发展规划》《山东半岛蓝色经济区发展规划》，青岛西海岸新区于2014年成为国务院批复设立的第九个国家级新区，青岛、烟台、日照成为国家"一带一路"倡议重要支点和节点城市，对于加快推进山东海洋国土开发，提高海洋资源的开发利用水平，优化海洋经济结构，提高海洋资源利用能力，促进海洋生态文明建设起到巨大促进作用。2015年，山东海洋产业生产总值达到1.2万亿元，占全省地区生产总值的19.4%，占全国海洋产业生产总值的18.9%，居全国第二位。①2022年，全省海洋经济综合实力显著提升：全省海洋产业生产总值达到16302.9亿元，同比增长7.6%，高于全国海洋产业生产总值现价增速1.9个百分点，高于全省地区生产总值现价增速2.1个百分点；全省海洋产业生产总值占全国海洋产业生产总值的17.2%，占全省地区生产总值的18.6%；对全国海洋经济和全省经济增长的贡献率分别达到22.5%和25.2%，其中，海洋第一产业增加值935.7亿元，第二产业增加值7165.2亿元，第三产业增加值8201.9亿元，分别占海洋产业生产总值的5.7%、44.0%和50.3%。②

体育是滨海旅游的重要方式，开展滨海体育旅游，成为海洋强国建设的助推器。山东省积极响应国家战略，开展滨海体育旅游。首先，充分利用帆船、邮轮等海上交通工具，大胆借助潜艇、航海、潜水、探险等体育旅游活动，冲出近海、走向远洋，让更多国人出现在蓝色国土之上，提升海洋旅游品质。其次，通过发展海洋体育旅游，开拓旅游功能产品，打通海洋战略空间，积极传达国家意志，拓宽民族生存空间，减少国际敏感领土争议，促进世界旅游交流。最后，发展海洋体育旅游，可以扩展国民蓝色视野，消除国民与海洋的距离感，强化人们的亲海意识，培养亲海、乐海的海洋文化，通过聚焦海洋文化，培育国民海洋思维，开启中华民族海洋精神，维护国家海洋权益，柔性建设海洋强国。

（二）建设旅游山东的需要

目前，旅游是国民经济增长的重要支撑点，具有产业间关联度高、综合性强、开放度高、就业拉动力强等优势。体育旅游产业作为旅游产业和体育产业的有机融合，是旅游产业的核心内容之一，也是体育产业的一个重要组成部分。体育旅

---

① 山东省人民政府：《山东省人民政府关于印发山东省海洋主体功能区规划的通知》（http://www.shandong.gov.cn/art/2017/9/22/art_100623_27740.html）。
② 郭昊：《2022年山东海洋生产总值突破1.6万亿》（http://www.shandong.gov.cn/art/2023/6/21/art_97560_595287.html）。

游作为深度旅游方式，不仅有简单的观赏性、参与性，还具有广泛的体验性、重复性，可以满足健心、健身、修身、塑体的需要，成为推动全民健身、提升生活品质、提高幸福指数的有效手段。相对于普通的观光旅游，体育的特性使其更容易与旅游融合，对于创新创意体育旅游产品、丰富体育旅游产品体系、促进旅游业提质扩容与转型升级具有重要意义。

青岛多次位居山东旅游总收入的首位，烟台、潍坊、威海的旅游总收入也名列前茅。山东滨海养老养生、温泉滑雪、文化、体育健身、邮轮游艇、研学旅行、休闲垂钓、房车营地、节会、低空飞行十大旅游新业态发展势头强劲。青岛成为中国邮轮旅游发展实验区；日照成功举行了第九届中国露营旅游论坛暨山海天露营装备大会，其研学旅行、低空飞行旅游走在全国前列。滨海旅游已成为海洋产业的支柱产业，成为山东建设旅游强省的重要支撑。对此，山东还将继续挖掘整理体育资源，打造以健身绿道、健步步道、露营廊道、自驾线路、航空空港、邮轮母港为廊道，具有鲜明山东地域特色的水上运动、户外运动、山地运动、极限运动、低空运动等精品体育旅游项目，如青岛水上运动休闲与旅游工程项目、青岛游艇休闲旅游工程项目、威海户外登山体育旅游工程项目、威海游艇休闲旅游工程项目、威海滑雪旅游项目、日照山海天水上运动嘉年华项目、青岛大沽河休闲体育工程项目、青岛崂山—城阳山地户外运动工程项目、烟台海阳连理岛海上体育休闲工程、烟台蓬莱牟平马术休闲旅游体验工程、威海文登温泉休闲运动文化体验工程、威海山泰体育休闲旅游体验工程建设项目等；鼓励引导社会力量积极兴办体育旅游企业，支持各类企业转型开发体育旅游；注重体育旅游产品品牌建设，打造"帆船之都""钓具之都""风筝之都""海滨山岳行""仙境海岸"等知名体育旅游品牌；加强体育与旅游业结合，挖掘体育特性，既要在旅游精品线路上融入体育元素，又要注意体育产业的旅游化，打造体育与旅游高度融合的体育旅游线路；科学编制山东滨海全域体育旅游发展规划，制定山东滨海全域体育旅游发展纲要，制定全域体育旅游发展政策，梯度化、差异化地推进山东滨海全域体育旅游科学发展；整合区域体育旅游资源，优化体育旅游产业功能布局，科学规划体育旅游特色项目，建设体育旅游驿站、体育旅游综合体、体育旅游村（营地、点）、体育旅游小镇（景区）、体育旅游精品线路、区域体育旅游集群等，打造"时时是体育旅游季节、处处是体育旅游项目"的全域体育旅游格局，推动实现山东建设旅游强省的目标。

(三)建设体育山东的需要

中国体育事业一直以成为"金牌大国"为目标,在竞技体育和休闲体育方面都积极践行体育强国战略。体育强国的概念不是一成不变的,而是动态发展的,是一个相对性的概念,是基于不同国家之间或者同一国家的不同时期之间的体育发展状况比较而产生的概念,其一定程度上能够反映出国家的体育综合实力。那么什么样的国家才算是一个体育强国?对此,当下尚未形成一个统一的、国际性的、固定的衡量标准。我们可以看到,伴随经济与社会的不断发展,体育强国的概念和衡量标准一直在变化。因此,体育强国的评价体系是一个基于本国与国际社会当下的总体发展水平的,致力于全面、客观、准确、系统地展示体育发展水平的,系统的、复杂的工程。曾任北京奥运城市发展促进会副会长的蒋效愚将体育强国的衡量标准确定为竞技体育要辉煌、群众体育要发达、体育产业要兴旺、体育文化要繁荣。因此,依照中国的体育强国目标可以将建设体育山东的目标分解为以下几点:竞技体育的竞争力保持领先,可持续发展能力继续增强;构建以体育服务业为主导、结构合理、种类完整、富有活力的体育产业体系;体育文化持续发展,促进山东经济文化建设;体育事业的各方面,如科技、教育、法治、人才队伍等均要达到国内一流水平;从省级体育到农村体育再到学校体育的各个层面都要提升,尤其是赛事承办、场馆建设、人才培养、竞赛成绩方面需达到国内一流水平。

第一,竞技体育保持领先。山东一直是全国范围内体育事业发展速度较快、发展水平较高的省份,体育山东的建设对于建成体育强国这一目标的实现具有重要意义。山东体育不管是在竞技体育、群众体育方面还是在体育产业上都发展良好。竞技体育的发展水平直接关系着当地体育发展的总体水平,尤其关系着当地的体育运动氛围。山东竞技体育近年来发展良好,在全国性体育赛事中多次获得好成绩,并且体育赛事种类多,体育人才多。

第二,体育产业地位日益凸显。《山东省"十四五"体育发展规划》中明确提出,到2025年,建立与小康社会相适应的体育发展新格局,体育产业规模保持全国领先,达到6000亿元以上。体育产业正成为山东稳增长、调结构、惠民生的重要力量。滨海地区体育产业发达,已形成以青岛体育产业圈为核心,以日照经济技术开发区体育产业基地、青岛风河伟业体育健身休闲示范基地、青岛奥林匹克帆船中心体育旅游示范基地、烟台养马岛马术运动示范基地、烟台蓬莱海上休闲运动示范基地、中国钓鱼协会烟台海钓基地、崂山国际网羽中心、青岛英派斯健康管理有限公司等国家级、省级体育（旅游）产业基地为依托的滨海体育产业带，打造完善的体育旅游、体育建筑、场馆运营、体育培训、体育中介、体育文化产业、体育传媒、体育地产等体育相关产业体系。

第三，群众体育发展迅速。山东省是群众体育大省，全民健身活动广泛开展，体育健身设施覆盖城乡，经常参加体育锻炼的人数众多。滨海地区在体育场馆数量、健身人口比例、体育产业服务、智慧体育构建等方面都处于领先地位，是全民健身计划的重要引领和风向标。体育产业的迅速发展、全民健身的普及、休闲观念的深入都会促进滨海体育旅游进入迸发状态，而滨海体育旅游作为当前中国体育产业发展的重要组成部分，是海洋区域体育旅游发展的必然趋势，为提升人民幸福指数、促进体育产业发展、完善体育文化提供了新动力，是山东全面建设体育强省的重要一环。

（四）建设文化山东的需要

文化产业被誉为"绿色产业""朝阳产业"，是转方式、调结构，加强供给侧结构性改革，提升社会幸福指数和健康指数的重要手段。山东是文化大省，历史积淀丰厚，文化名人众多，文化产业发展迅速。山东文化产业已初步形成市场繁荣有序、产业布局合理、设施配套齐全、产业体系完善、产业内容丰富、产业结构逐步优化的发展格局。虽然山东文化产业发展迅速，但还不是一个文化强省。实现"由文化资源大省向文化强省跨越"的发展目标，成为山东经济文化建设的重中之重。

旅游是承载文化、展示文化、传播文化的窗口，是提升旅游产业核心竞争力的重要举措。讲好山东故事、传播好齐鲁声音、阐释好山东特色、提升山东体育形象是山东滨海体育旅游的重要使命。山东文化资源丰富、资源特色显著，已初步形成布局合理、功能完善、门类齐全的文化产业体系。从空间布局上看，已初步形成以青岛为龙头，以日照、威海、烟台、潍坊、滨州、东营等为支撑，辐射全省的体育文化产业发展格局。以蓝色体育经济为资源特色，以海洋体育文化为内涵元素，集体育节事赛事、体育文化旅游、体育文化演艺、体育文化创意、体育会议会展、体育休闲度假等功能于一体的半岛蓝色经济区文化产业带正在形成。已初步形成以威海铁人三项赛、黄河口（东营）国际马拉松赛、青岛国际帆船周、中国水上运动会等为代表的体育品牌赛事；以《日出先照》大型歌舞表演、梦幻水沙秀、《华夏传奇》大型演艺、《蔚蓝青岛》大型情景歌舞、《蓝色畅想》海景演出和《梦海情韵》大型音乐舞蹈演艺等为代表体育文化演艺品牌；以青岛奥林匹克帆船中心、海阳国家沙滩体育健身基地、日照奥林匹克水上公园、烟台帆船帆板训练基地、青岛世界园艺博览会、青岛风河伟业体育健身休闲示范基地，以及分布于各个区域的国家级海洋牧场示范区、国家级休闲渔业示范基地为代表的体育休闲产业集聚区。形成以海洋体育商展、海洋体育文化创意、海洋体育文化动漫、海洋体育文化游戏为主的新兴文化业态集聚区；以滨海体育休闲度假、体育历史遗迹探寻、海岛观光、邮轮与游艇旅游、水上运动体验等体育文化旅游产业集聚，以及山东半岛"蓝色文化旅游"品牌为主的半岛文化产业集聚区；以潍坊国际风筝会、田横祭海节、胶州秧歌会、孙子国际文化节、烟台长岛渔家乐民俗文化旅游节、潍坊羊口开海节、威海荣成国际渔民节、滨州胡集书会、东营黄河口文化旅游节等为代表的民俗体育文化产业集聚区。突出山东体育文化的引领作用，挖掘体育文化内涵，凝练体育文化特色，整合体育文化资源，塑造体育文化品牌，展示体育文化魅力。加速体育文化与旅游、科技、养生、教育、信息等产业深度融合，进一步优化体育文化产业结构，提高文化产品的服务供给能力，更好地丰富文化生活需求，提升山东文化产业地位，加速实现由文化资源大省向文化强省转变。

（五）建设和谐山东的需要

和谐是中华传统文化的精髓，随着中国经济的多元化发展，和谐社会建设达到与经济建设、政治建设、文化建设、生态建设、社会建设同等重要的位置。目前我国更加注重地区协调发展、城乡协调发展、人与自然协调发展；更加重视提高人民的物质生活、文化生活、健康水平和幸福指数。滨海体育旅游是一种较为复杂的社会现象，既具备体育独有的身体参与和健身康体的特征，又拥有旅游休闲性和愉悦性的特征。随着社会的进步、人类需求层次的提高和科学技术的快速发展，我国已初步形成完整的现代体育旅游体系，其功能日益生活化、社会化、科学化和多元化。处理好体育旅游与人、与社会、与自然的关系，让体育旅游的茁壮发展成为丰富文化生活、提升生活质量、提高幸福指数、促进社会和谐、提升国家软实力的重要路径。

从本质上看，滨海体育旅游是一种可以让人获得心理愉悦和强身健体的审美过程和康体娱乐过程，是人类社会发展到一定阶段必然产生的活动之一。体育与滨海旅游同属社会极其重要的文化活动，是为了满足人们日益增长的物质、精神、文化需求而出现的产物，是从生存需要到享受需要，再到发展需要的体现。

第一，促进身心和谐。体育旅游不仅有助于个体的自我完善，更能有效增强体质，促进身心健康发展。体育旅游充分发挥了其健身功能，使参与者在旅游过程中实现健身目标，达到身心并进的效果。在体育旅游活动中，通过将健身理念、方法和方式融入其中，实现旅游与教育的有机结合。体育旅游还具有审美、休闲和愉悦的特点，让滨海体育旅游者在参与过程中实现身心和谐，有效锻炼身体，调节情绪，达到放松自我的目的。

第二，促进人与自然的和谐。海洋是孕育生命的摇篮，人类对海洋既敬畏又向往，同时产生由内而外的热爱情结。滨海体育旅游的出现成为人们提高生活质量、亲近海洋的重要方式，让人们拥有更多领略海洋自然魅力的娱乐途径。要充分利用人们探索海洋的好奇心，洞察滨海体育旅游发展机遇，打造依靠海洋自然资源的优秀滨海体育旅游项目。经济的无序发展导致生态系统功能的严重破坏，给全球生态系统敲响警钟，出现了全球变暖、草原退化、森林覆盖面积缩小、水土流失、沙漠扩大、水源枯竭等环境质量恶化现象。因此，必须打造原生活、原生态、原生命的体育旅游产品体系，建设环保型、节约型、友好型的人与自然关系。海洋体育旅游天然的体验性、参与性、友好性成为人类回归自然、贴近自然、融入自然的重要媒介，有利于人类重新认识自然、尊重自然和保护自然，达到人与自然和谐相处的美好局面。

第三，促进社会和谐。滨海体育旅游具有健美、娱乐、休闲、保健、医疗、康复、社交等诸多功能，可以提高人们的健康水平、丰富日常娱乐生活、完善休闲服务体系、提高生活环境质量、提高居民生活水平、提高幸福指数、促进区域间文化交流，成为促进经济与社会协调发展、城乡协调发展、地区协调发展的重要途径，也是实现社会和谐的重要手段。

二、山东滨海发展全域体育旅游的可行性

（一）自然地理环境特殊

山东省自然地理位置上处于中国东部沿海地区，也是黄河下游和入海口区域，东部深入海洋，形成山东半岛，海岸线漫长曲折，全长3024千米，长度位居全国第二位。近海海域17万平方千米，占渤海和黄海总面积的37%，沿海滩涂面

积约3000平方千米，占全国的15%。沿海岸线有天然港湾20余处，近陆岛屿299个，线总长688.6千米，其中，庙岛群岛（长岛）由15个岛屿组成，总陆地面积59平方千米，为山东沿海最大的岛屿群。

山东省具有地理区域位置特殊、海岸线漫长曲折、地形地貌多样的特点，滨海环境独特，气候温和湿润，这使得其具有丰富的自然景观和旅游资源，有充足的条件发展滨海体育旅游产业。山东滨海地区海陆空间广阔、海洋生态系统多样，有较好的发展多样化海洋产业的条件。此外，山东滨海地带地形多样，包括高山、丘陵、森林、平原、海岛、河湖等，因而拥有丰富多样、独具魅力的自然旅游资源，形成众多国家海洋牧场、国家自然保护区、国家海洋生物保护区、国家湿地公园、国家森林公园、国家地质公园、国家自然遗产、国家风景区、国家水利风景区、国家旅游度假区等各类高等级旅游资源，呈现出鲜明的地域差异性特征。

（二）海洋生态环境良好

山东省高度重视生态文明建设，在海洋生态环境保护方面采取了一系列措施，构建了海洋生态红线制度，明确认定了重要海洋生态功能区、生态敏感区和生态脆弱区，并将之划为海洋生态红线区，面积约5万平方千米，进行严格的管控和强制保护，构建了良好的海洋生态，有效地保障了山东滨海全域体育旅游的可持续发展。山东滨海旅游区生态环境总体稳中向好，很多滨海城市都适合开展旅游活动，如烟台金沙滩滨海旅游度假区和蓬莱阁滨海旅游度假区年平均休闲（观光）活动指数等级为优良。随着山东省海洋生态环境保护工作的不断推进，滨海旅游环境必将进一步改善。

（三）区位发展条件优越

首先，山东省区位优势明显，青岛、烟台、日照成为国家"一带一路"倡议的重要支点和节点城市，是链接京津冀、长三角、"一带一路"和中原经济区的枢纽，呈现区域合作联动的战略发展格局。区域战略叠加、优惠政策融合、区域交通便利、区域经济发展良好，使山东地区体育旅游产业发展处在战略高地，它成为继长三角、珠三角之后，北方地区开放程度最高、发展活力最强、最具核心竞争力的增长极之一。

其次，山东滨海体育旅游带位于中纬度地区，地处高纬度和低纬度之间，滨海体育旅游资源、体育旅游产品和市场具有明显的过渡链接特征。

最后，山东基础设施完善、交通工具多样、客运体系健全，已初步形成青岛、烟台、潍坊三大国家综合交通枢纽系统。已初步形成以青岛、烟台为主，以日照、威海、潍坊、东营为辅的邮轮母港、游艇码头链状体系；以青岛、烟台为主，以潍坊、威海、日照、滨州、东营为辅的航空体系；以贯通山东省沿海地市南北的长深、沈海、潍坊—日照、青岛—烟台、滨州—东营—潍坊—烟台等高速公路为纵轴，以青银、沈海、青兰、威青、潍荣等高速公路为横轴的网络体系；规划建设和建成以青岛—济南、青岛—日照—连云港、滨州—东营—潍坊—烟台—威海、烟台—青岛、日照—菏泽为三横两纵的高铁客运体系。以高速铁路、高速公路为主干线，以港口、航空为节点，以城际铁路为放射系，构建海、陆、空统筹发展的立体交通网络体系。以山东为扇形中心，辐射西部省域，发挥核心交通节点的旅游集散和运输功能，形成血管效应，延展内陆腹地，构建海陆一体化体育旅游客源共享体系，并为合理布局、优化组合山东滨海体育旅游线路提供便捷廊道。

（四）区域产业经济发达

人均GDP是衡量区域经济发展水平和旅游市场容量的重要综合指标。研究表明，人均GDP与旅游形态直接关联。人均GDP在2000美元时，大众观光游览兴起；达到3000美元时，度假游成为主要旅游形态；上升为5000美元时，呈现出多元化与个性化的旅游需求趋势，人们对休闲娱乐项目的要求提高，相对的消费能力也有所增强。从体育旅游市场供给层面看，区域经济总量越大，发展程度越高，区域体育旅游产业发展的规划、开发和投资能力就越强，体育场馆设施水平越先进，人才储备越完善，体育旅游基础设施越便利，公共服务体系越健全，体育旅游项目越丰富，体育旅游品质越高，区域体育旅游发展水平就会得到进一步提升。从体育旅游市场需求角度看，人均GDP越高，区域体育旅游消费需求就越多样，体育旅游品质需求就越高，体育旅游消费规模就越大。山东在经济发展总量、经济发展水平、人均GDP和经济发展速度等方面都名列全国前茅，发达的区域经济，使山东省旅游需求稳定增长、体育消费日趋旺盛、健康需求日益提高、国民休闲度假成为趋势。建设海上山东、打造体育与旅游强省、发展体育与旅游产业已成为山东省重点发展方向，对保障和改善民生、促进人的全面发展、促进社会和谐的功能作用日益凸显，为平衡发展滨海体育旅游提供了有力的经济保障。

（五）海洋产业结构良好

山东滨海地区以"提质增效、转型升级"为主线，围绕海洋强国建设，实施创新驱动发展战略。转变海洋经济发展方式，加快供给侧结构性改革，提高海陆资源要素配置效益，培育战略性海洋新兴产业，加速发展海洋现代服务业，提升海洋经济质量和效益，推动海洋产业结构优化升级，促进产业发展向链条的高端延伸，赋能海洋经济的健康、协调、稳步增长。2020年，山东全省海洋产业生产总值13187亿元，海洋三产结构进一步优化，一、二、三产业比重分别为5.3%、36.8%、57.9%。① 第三产业占比超过50%，战略性新兴产业发展迅速，为滨海体育旅游平衡发展提供了重要保障。

（六）区域旅游资源丰富

山东省区域位置优越，处于中国东部滨海区域、黄河下游地区。从内部看，位于两个一线城市京、沪之间；从外部看，距离日本、韩国极近，具有显著的海洋旅游发展优势。山东省的滨海体育旅游资源从全国范围看都堪称优质、多样：首先，自然旅游资源丰富多样，包括阳光海滩、水光山色、流泉飞瀑、江河湖海、草原森林、丘陵山岳、冰雪云雾等；其次，作为中华古代文化的发源地之一，历史悠久，有着丰富多元的文化旅游资源，包括齐鲁文化、东夷文化、海岱文化、龙山文化、道教文化、黄河文化、海洋文化、太阳文化、移民文化等；最后，有着丰富的体育相关的特色人文旅游资源，包括民俗体育、传统体育、节庆赛事、民族体育、体育主题公园等。

山东省具有丰富多样、互补独特的滨海体育旅游资源，作为基础强有力地支撑和保障着山东滨海全域体育旅游的可持续发展。目前，山东省已经形成了以烟台海阳亚洲沙滩运动会、潍坊滨海国际风筝冲浪基地、青岛奥林匹克帆船中心、西霞口海钓基地、威海汤泊温泉垂钓基地、日照水上运动基地等运动休闲基地为依托的海洋运动休闲聚集地；以日照的阳光海岸、青岛的天堂海岸、烟台的葡萄酒海岸、威海的幸福海岸、潍坊的风筝海岸、东营的生态海岸、滨州的贝壳海岸为依托的滨海旅游体育休闲度假产业聚集。

（七）体育产业发展迅速

如今业态融合已经成为中国经济发展的重要趋势，体育产业进一步与旅游产业、教育产业、医疗产业、文化产业等融合，体育服务业所占比重不断增加，体

---

① 倪文秀：《2020年山东海洋生产总值占全国的16.48%，海洋生物医药产业增加值连续3年全国居首》（http://www.shandong.gov.cn/art/2021/11/3/art_97560_510724.html）。

育产业的第三产业属性越发重要，显示出极强的联动效应。

山东省体育产业发展迅速，形成了较为合理的产业结构。体育竞赛产业方面，包括黄河口（东营）国际马拉松赛、威海铁人三项赛、青岛国际帆船周，以及各种职业联赛等；地标式体育景观旅游产业方面，包括青岛奥林匹克帆船中心、日照奥林匹克水上运动公园、东营黄河湿地公园、潍坊世界风筝都纪念广场等；体育休闲产业方面，包括帆船帆板、游艇邮轮、高尔夫、温泉康体、休闲垂钓等；产业融合方面，体育产业与旅游产业的融合越发密切，形成了多种体育旅游产业类型，如体育赛事旅游、民族民俗体育旅游、体育休闲度假旅游、体育康体养生旅游、体育拓展培训旅游、山岳运动旅游、水上运动旅游、航空运动旅游、海洋牧场旅游、体育商展会展旅游、高尔夫滑雪旅游等；体育文化创意产业方面，包含创新创意体育音频视频、体育影视动漫、体育传媒广告、体育网络游戏、体育电子竞技、体育书刊等，进一步挖掘和开发体育与文化、科技等元素的融合领域，重视自主产权，着重打造体育品牌，发挥体育符号价值；体育科技产业方面，侧重于体育研发与体育设计，重视科技创新、知识产权，弘扬工匠精神，出现了英派斯、中大体育等企业；体育服务产业方面，服务型体育消费供给不断增强，出现了多业态融合趋势，包括体育健身服务、体育传媒信息、体育医疗康复、体育课外教育培训、体育经纪策划、体育保险、体育彩票等。山东省体育产业发展迅速，呈现显著的业态融合趋势，为体育旅游产业发展提供了良好的条件。

（八）区域战略规划优先

区域规划主要以市场配置资源为基础，打造有序、科学、协调的区域发展模式。高层级的区域发展战略规划是制定相关发展政策的有力依据，也是优化区域功能布局的主要工具，并且具有引领区域全域体育旅游规范发展的重要功能。一系列国家战略规划的制定及政府的有力支持，让山东走在国家改革和发展的前列，促使山东省滨海体育旅游迅猛发展，一系列高水平相关产业规划，为滨海区域经济发展构建宏伟蓝图，也为科学制定山东滨海体育旅游发展规划和发展战略、优化滨海地区体育旅游资源配置、凸显山东滨海体育旅游产业的集聚与辐射作用、促进山东滨海体育与旅游经济健康发展奠定了基础。

（九）区域产业政策支持

国家利用政策这只"有形的手"，先后颁布了《关于推进文化创意和设计服务与相关产业融合发展的若干意见》《关于进一步促进旅游投资和消费的若干意见》《关于加强旅游市场综合监管的通知》《关于加快发展健身休闲产业的指导意见》《全域旅游示范区创建工作导则》《国家全域旅游示范区验收、认定和管理实施办法（试行）》《"十四五"时期全民健身设施补短板工程实施方案》《全民健身计划（2021—2025年）》《关于构建更高水平的全民健身公共服务体系的意见》等一系列产业政策，把旅游产业、体育产业定位为社会、经济、文化和生态综合效益好的战略性支柱产业，并作为战略性、综合性和带动性强的支柱产业加以培育。

伴随国家海洋战略、"一带一路"倡议的全面展开，山东滨海体育旅游带作为战略的重要节点，在经济社会发展全局中的战略地位更加凸显。近年来，山东省人民政府颁布了《关于大力推进旅游业又好又快发展的若干意见》《关于进一步促进旅游业又好又快发展的意见》《山东省旅游条例（2016修订）》《关于促进文旅深度融合推动旅游业高质量发展的意见》等相关利好政策，为山东滨海体育旅游产业"转型升级、提质扩容"提供了重要支持，创造了新的发展机遇。

三、山东滨海发展全域体育旅游的不足

从空间上看，山东的滨海城市像一串项链一样分布在山东半岛的海岸线，不同城市之间在资源特色、市场定位、产业结构等各个方面极为相似，城市特色不明显，存在一定的同质化倾向。此外，在发展全域体育旅游方面存在不平衡性。

（一）体育旅游淡季、旺季的不平衡性

衡量体育旅游市场的成熟度，不仅要看体育旅游的收益和规模，还要关注收益变化幅度，只有客源和收益变化幅度小且相对平稳的市场，才称得上是成熟的市场。目前，山东滨海体育旅游刚刚起步，尚未形成成熟的市场，游客主要是为了观光游览而旅游的，并非出于体育相关的目的，很少进行真正意义上的体育旅游。从旅游活动的内容上看，多为踩沙滩、观海景、洗海澡、吹海风、吃海鲜、喝啤酒。由于气候和水温因素对滨海体育旅游资源的影响，以及目前尚未形成弹性的带薪休假制度，人们多集中在节假日出游，因此，山东滨海体育旅游有着显著的淡季、旺季之分：淡季冷冷清清，滨海体育旅游效益不佳、资源未得到充分利用；旺季又供不应求，很容易超出旅游资源承载限度，影响游客旅游体验。解决体育旅游淡季、旺季的不平衡性问题，是当下滨海地区旅游发展的重要方向。

（二）体育旅游产品空间的不平衡性

山东滨海体育旅游产品空间也存在显著的不平衡性，多位于近海岸带和近岸水面，并且空间利用方式、产品类型和服务品质也有待进一步提升。

以山东著名的滨海体育旅游城市日照为例，立足于产品本身，其滨海体育旅游产品多为海水沙滩浴，尽管渔家体验项目如赶海等在最近一段时间内得到较快发展，但项目活动安排尚不丰富，主要是在海边和礁石处捡拾鱼类、贝类等，需要拓展更加深入的旅游体验。避免出现海水浴场、滨海近岸人潮拥挤，而海岛、海岸腹地少有人去的情况。此外，仅有少数的简单滨海休闲体育项目，如水上自行车等。而立足于空间布局的视角，这些旅游产品多为在岸滩、海上、船上进行的简单活动，如潜水等高端体育专项旅游产品较少，多元空间的立体化体育旅游产品体系亟待形成。旅游产品内容比较单一，可以将健身、娱乐、休闲、科普等内容有效结合起来，打造水上运动体验、分享、文化展示等产品体系。

（三）体育旅游消费结构的不平衡性

山东滨海体育旅游产品基本处于"3S"阶段，亟待补充集参与性、刺激性、体验性、健身性、娱乐性为一体的深度体育旅游项目，进一步解决体育旅游资源共性大、差异小、同质重、个性小、可替代性强的问题，避免滨海优质体育旅游资源遭遇"快餐游"。烟台市是首批中国优秀旅游城市，自然资源、人文旅游、体育资源、综合服务资源十分丰富，是"仙境海岸"的核心区域。与世界同类型地区西班牙的马略卡岛相比，马略卡岛的体育旅游产品结构丰富，延长了旅游时间，使消费品质和绩效远远高于烟台。另外，山东滨海体育旅游产业处于初级阶段，旅游消费结构需转型升级。以青岛市入境旅游消费为例，由于入境旅游的距离较长，交通费成为旅游消费的主要贡献项目。购物、住宿和餐饮三项占总支出比例较高，而用于娱乐和景区旅游的花销占比偏低。从各项消费占入境旅游消费总量的比重来看，购物、住宿和餐饮费用依旧为主要支出。为此，青岛市应整合优势资源，提高体育旅游产品质量，提升体育旅游参与度，提升体育旅游消费品质，增加体育旅游过夜人数，增加体育旅游娱乐消费，提高青岛体育旅游产业收入。

（四）区域体育旅游发展的不平衡性

山东滨海体育旅游主要集中在青岛、烟台等少数热点城市和热点区域，其他滨海地区体育旅游产业起步较晚、规模较小，缺乏强劲竞争力，还没有形成有影响力的产业规模和产业集聚，存在体育旅游资源过度开发与尚未充分利用并存的问题。部分热点城市和热点区域由于发展不平衡，出现日照"水饺"、青岛"踏沉栈桥"等旅游过度问题。而一些远离城市中心和核心景区的滨海旅游资源虽然品质较高，但由于资金投入较少、开发程度不高、服务体系不完善等原因，导致游客进入性较差、交通餐饮不便，区域体育旅游发展遭遇寒冬。

（五）体育旅游效益发展的不平衡性

滨海体育旅游作为一种新兴消费方式，在其发展初级阶段，只重视经济效益，忽视生态效益、文化效益和社会效益的协调发展，正经历着从粗放型到集约型的转变历程。

山东是人口稠密、消费旺盛、经济活跃的地区。凭借阳光、沙滩、海水、空气等滨海天然资源，山东旅游历来都是全国旅游的热点。但是，山东滨海体育旅游的发展还面临五个方面的问题：第一，滨海旅游迅速发展的同时，导致大量游客蜂拥而至，超出了生态容量与环境负荷，对滨海海岸带生态系统造成了重大影响。第二，作为异地旅游，部分体育旅游者道德弱化、行为失范，出现破坏旅游资源、损坏旅游设施、违背道德习俗等不端不雅行为。第三，部分体育旅游目的地为了迎合市场，肆意破坏原始的生活环境和生活方式，将民俗体育文化舞台化、庸俗化，使传统文化和社会习俗失去原生态的生存空间。部分体育旅游从业者过分趋利，导致"天价大虾""天价拉面"等乱象发生，忽视安全责任，缺乏道德约束，出现体育旅游市场秩序混乱、体育旅游消费不和谐现象。第四，体育产业本身的不稳定性也导致滨海体育旅游发展失衡。体育旅游自然资源（如冰雪体育、潜水）和体育旅游人文资源（如国际风筝节、世界杯、奥运会、铁人三项赛等重大的体育节事）都具有很强的季节性和时效性，短时间的大规模人流、物流、信息流都会对承办地产生影响，淡旺季处理不好、比赛期和赛后处理不好都会影响经济效益。第五，从生态效益角度看，体育旅游过程中赛车的空气污染、摩托艇的水污染、高空跳伞的声污染、滑雪场修建的植被破坏、高尔夫场地的水污染等会给滨海生态环境带来巨大破坏。如何在建设美丽中国的大生态观引领下，有序规划、合理选址、保护生态、净化环境、传承文化，实现经济效益、生态效益、文化效益、政治效益和社会效益的平衡发展就显得紧迫而有实际意义。

(六)体育旅游服务系统的不平衡性

滨海体育旅游是海洋产业、体育产业、旅游产业的结合,是一项深度旅游产品,应当有完善的包含衣、食、住、行、游、购在内的基础服务体系,以及集合了商、养、学、闲、情、奇的现代体育旅游服务体系;应当有良好、健全的传统旅游信息服务体系,以及较好的智慧旅游信息系统平台;应当有包含体育场馆、健身路径、体育绿道、体育露营地在内的完备的体育场馆设施,以及具有专业的旅游或健身、保健、救助知识和能力的多样化的专门服务人才。但是,当下山东滨海地区尚未构建出健全、平衡的滨海体育旅游服务系统,旅游服务的专业性和精细化不足,没有形成完整的滨海体育旅游产业链,交通、餐饮、购物、住宿、健身等方面尚未充分满足游客需求,制约了山东滨海全域体育旅游的发展。

在社会经济的快速发展之下,人民生活得到极大改善,越发关注精神文化层面,越来越多的人了解并且有条件、有兴趣参与房车自驾游。但是,目前山东滨海地区尚未建成能够充分满足游客房车自驾游需求的房车露营地,存在布局规划不合理、大众普及度低、没有明确统一的建设标准、数量少等问题。因此,房车难以进站停靠修整,只能在路边空地临时停车,难以及时处理垃圾,补给不便。体育旅游服务系统的不平衡性严重阻碍了山东房车露营旅游的发展,这也是全国房车露营旅游发展面临的难题之一。

(七)体育旅游客源结构的不平衡性

体育旅游客源结构包含多个方面,如客源地、年龄、性别、职业等。我国当前体育旅游统计体系不健全,难以全面准确地进行统计。因为缺乏完整系统的体育旅游数据,所以仅能根据旅游统计年鉴中的客源结构,立足于宏观的层面,对体育旅游客源结构进行分析。尽管山东滨海的外来游客数量每年都在增加,然而因为地缘关系、政策影响、国家关系、国家人口、经济发展水平、文化差异、旅游反差因素,体育旅游客源结构存在显著的不平衡性。这导致山东滨海体育旅游市场仅依赖于几种客源,很容易出现大波动,进而影响山东滨海体育旅游市场的稳定、有序发展。

(八)体育赛事品牌形象的不平衡性

品牌赛事具有资源稀缺性、价值高效性、辐射范围大、生命周期长、收入稳定性强的特点,对提升区域形象、拓展旅游空间、塑造区域品牌具有重要意义。

相对于体育旅游发达的国家和地区，山东滨海体育运动赛事大多呈现非规律性和非持续性特征。大部分水上运动赛事都是固定赛期的少，一次性的多；有影响力的赛事少，群众普及性差的赛事多；市场运作好的赛事少，经济效益差的赛事多。缺乏以赛事为核心的体育旅游品牌，尤其缺乏具有自主知识产权的经典品牌体育赛事，导致体育旅游产业竞争力弱、影响力差，与成熟体育旅游产业品牌还存在一定差距。山东省举办的赛事大多是赛事承办，基本没有自主品牌赛事，如帆船世锦赛、世界休闲体育大会、亚洲沙滩运动会等国际赛事，以及全国运动会、全国水上运动会、全国智力运动会、中超联赛、中职篮联赛、排球联赛等国内赛事。这些赛事虽然具有一定影响力，但是常态化、持久性和特色性不足，难以打造成经久不衰的品牌体育旅游赛事。近年来，山东滨海地区开始着力培养自己的品牌赛事，例如，东营市的黄河口（东营）国际马拉松，连续九年举办，已经成为中国田协"金牌赛事"和国际田联"金标赛事"，成为提升东营城市形象，展示城市风貌的靓丽名片；青岛市的国际极限帆船系列赛、青岛国际帆船周、青岛国际海洋节、克利伯环球帆船赛和世界杯帆船赛等高端国际帆船赛事，加快推进了青岛"帆船之都"的建设步伐；威海超级铁人三项系列赛是目前国内公认赛道难度最高的铁人三项赛，具有一定的国际影响力，是威海打造"铁三之都"的品牌赛事；潍坊杯国际青年足球邀请赛是亚洲地区唯一常年举办、连续性最强的国际青年传统赛事。这些赛事在一定程度上展示了城市的形象，丰富了城市文化内涵，提升了城市品位，为举办城市带来积极的经济效益。挖掘体育赛事内涵，提升旅游品牌的核心价值，融入山东文化元素，培育特色浓郁、IP强大的体育赛事品牌就成为促进滨海体育旅游产业发展的重要途径。

第二节 山东滨海体育旅游产业资源

一、山东滨海体育旅游产业资源分析

（一）自然类体育旅游资源

自然类体育旅游资源主要指的是既能够使游客获得审美享受，又可供游客开展体育旅游活动的自然资源。山东自然类体育旅游资源十分丰富，其境内山河湖海、山原丘陵、冰雪温泉等景观既有着优美的风光，又可满足多种体育旅游活

动的需求，能够让人们进行各种体育旅游活动，如体育运动、体育比赛、康体养生等。

1. 地文景观类体育旅游资源

（1）山岳景观

山岳景观也就是山岳型旅游资源，主要是指基于山地自然环境的，包含山地景观、地表动植物景观、山区气候等自然资源在内的体育旅游资源。山东作为滨海省份，既有内陆山岳景观，又有直冲入海、山海共融、独具魅力的滨海山岳景观，两者各具特色，能够开发出多样化的、丰富的体育旅游项目。

山东滨海地带有着大量的名山，这些名山不仅有着秀美惊险的风光，还有着悠久的历史和独特的文化，风景、文化、体育相融，能够开发出独具内涵的体育旅游产品，给人丰富的旅游体验。山东的山岳型旅游资源有青岛的"海上第一名山"崂山和珠山、茶山，潍坊的云门山、驼山，烟台的文峰山、昆嵛山、艾山，威海的九顶铁槎山，日照的五莲山、九仙山、浮来山，等等。基于上述名山，既能够开发出登山、骑行、徒步等休闲体育旅游项目，又能够开发出山地滑雪、翼装飞行等新兴体育旅游项目。

（2）海岸线景观

海岸线即海陆交界处，从形态和成分上可以划分成平原海岸和基岩海岸等。山东东部深入海洋，三面环海，海岸线曲折漫长，海域广阔，海岸地质多样，海岸线景观丰富，基于此能够开发和发展很多特色体育旅游项目。

①平原海岸。山东拥有丰富的平原海岸资源，平原海岸根据沉积物粒度又可以分为砂质海岸与泥质海岸。前者有烟台金沙滩海水浴场、日照海滨国家森林公园、青岛第一海水浴场、银滩旅游度假区、大乳山休闲旅游度假区等，非常适合开发海水浴场，能够发展沙滩排球、帆板等体育娱乐项目；后者集中于东营和滨州等地区，有三角洲海岸和莱州湾海岸等，非常适合进行休闲生态体育旅游活动，如自驾游、垂钓、赶海、滩涂越野、海岸探险等。

②基岩海岸。山东半岛的海岸线景观多为花岗岩形成的基岩海岸，基岩海岸又易形成海蚀地貌，海蚀地貌往往会产生奇观。例如，青岛的"石老人"、被誉为"天涯海角"的鱼鸣嘴、"中国北方第一高岛"灵山岛，以及烟台蓬莱的仙人洞、砣矶岛的彩石景观等。此类基岩海岸资源多用于开展攀岩活动、垂钓、徒步、游艇帆船、滨海滑翔等体育旅游活动项目。

（3）海岛景观

海岛是海洋中高于水面的自然形成的陆地区域。山东的海岛属于海洋性气候，融海湾、沙滩、碧水、蓝天、山峦等为一体，具有石奇、洞幽、礁美、岸险、滩美等特点。山东海岛风景独特、千姿百态，包括素有"海上第一名山"之称的道教名山崂山、徐悲鸿笔下《田横五百士》的田横岛、"海上仙山"蓬莱长岛、素有"东隅屏藩"和"不沉的战舰"之称的刘公岛，以及渔岛风情浓郁的桃花岛等。这些海岛既能给人以极致的美学享受，又能给人以山石地貌景观千姿百态的视觉冲击；既有强烈的海洋韵味，又兼备部分陆地景观特色。山东海岛逐渐成为国内开展滨海休闲度假、康体疗养、海岛探险等休闲体育旅游项目的胜地。

2. 水文景观类体育旅游资源

水文景观是复合概念，不是单独存在的，而是由人文、自然资源融合产生的，如瀑布溪流、湖泊湿地、海市蜃楼、滨水崖壁、海滩风光、海底风光、滨海风光等。山东海岸线全长约占全国的1/6，分属于黄、淮、海三大流域，全省河网密布，河流众多，水文景观资源丰富。山东水文景观类体育旅游资源有以下几类：山东东营天鹅湖景区、山东潍坊峡山水库、青岛崂山水库等大中型水库；滨州市中海风景区、滨州市三河湖风景区、滨州市小开河灌区水利风景区、惠民县古城河水利风景区、无棣县黄河岛水利风景区、邹平市黛溪河水利风景区、莱西市莱西湖水利风景区、胶州市三里河公园水利风景区、诸城市潍河国家水利风景区、临朐县淌水崖水库水利风景区等水利工程观光区；潍坊安丘市青云湖、潍坊昌乐县西湖公园、青岛莱西湖生态休闲区、招远金水湖生态观光区、海阳东村河水利风景区、莱阳五龙河水利风景区、威海凤凰湖景区、威海荣成天鹅湖国家公园等众多知名湖泊；日照潮白河湿地公园、日照付疃河口湿地公园、青岛胶州湾省级湿地公园、青岛黄岛区唐岛湾国家湿地公园、威海桑沟湾国家城市湿地公园、烟台王屋湖国家湿地公园、潍坊白浪绿洲湿地公园、潍坊潍水风情湿地公园、东营利津黄河生态公园、东营鸣翠湖湿地公园等湿地。这些滨海湖泊湿地不仅为山东地区提供了丰富的水资源，还为水上运动、沙疗水疗、保健养生、风筝冲浪、滑翔垂钓、露营自驾等体育旅游活动的开展提供了基础。

海洋水体资源主要分为观光娱乐景观和休闲竞赛项目两大类。在近海岸，蓝天碧海、沙细滩阔，适合开展沙滩游憩、观海赏日等活动。近海中动植物种类丰富，礁石、贝类、珊瑚等构成绚丽多彩的海底世界，非常适合开展潜水旅游活动。例如，长岛是国内三大适合潜水的地方之一，有"水下看仙山"的美誉。水上运动分为休闲项目和竞赛项目两类，如青岛国际 OP 帆船营暨帆船赛、青岛"市长杯"国际帆船赛、"鲁商杯"青岛国际帆船赛等竞技性帆船赛事就属于竞赛项目。

3. 生物景观类体育旅游资源

生物景观主要是指由植物、动物及其相关生存环境所构成的各种过程与现象。山东地处中纬度地区，生物景观资源丰富、生态多样，主要包括花卉资源、树木资源、海洋藻类资源及野生动物资源等。此类生物景观旅游资源为体育旅游中的潜水运动、海钓海猎、自驾露营等项目提供保障，但是这些活动需在对生态扰动较少，或在对生态修复具有积极作用的前提下开展。

山东林地资源丰富，如日照海滨国家森林公园、日照竹洞天风景区、青岛黄岛区大珠山风景名胜区、青岛市植物园、青岛大泽山省级森林公园、烟台招远罗山国家森林公园、烟台长岛国家森林公园、烟台蓬莱艾山国家森林公园、威海仙姑顶名胜风景区、威海荣成槎山风景名胜区、威海老虎山生态旅游园、潍坊沂山国家森林公园、潍坊青州仰天山国家森林公园、东营黄河口国家森林公园、滨州鹤伴山国家森林公园等。其中，日照海滨国家森林公园是全国首批国家森林公园之一，公园总面积达 12000 亩，森林覆盖率 78%，现为国家 4A 级旅游景区。公园分为森林旅游区、海滨娱乐区、疗养度假区和太公文化区等功能区，现已建成水下鲨鱼馆、动物园、海水浴场、森林浴场、连翘园、樱花园、红叶林等景点，开展了森林浴康体养生、森林自行车骑行、森林欧式马车环绕、森林迷你马拉松、森林露营等体育休闲旅游项目。

4. 气候景观类体育旅游资源

气候景观可以按形成原因分为光现象、天气现象与气候现象三类。光现象如日出日落、海市蜃楼、云海火烧等；天气现象则是常见的雨景、雾景、冰雪等；气候现象是不同的温度、空气、湿度等展现的环境情况。山东因其独特的地理环境，拥有特异的天象奇观，适合开展体育休闲度假、体育康体医疗、体育景色观赏等体育旅游活动。

（1）海市蜃楼

海市蜃楼作为一种独特、罕见的大气光学现象在山东多出现于烟台蓬莱阁景区，是光线经过物理折射后，使远处景物出现在半空中或地面上的现象。由于独特的气象条件和地理位置，每年 4—9 月，蓬莱市成为中国乃至世界上海市蜃楼景观出现最频繁的地区之一。

(2)平流雾景观

平流雾是暖湿空气移到较冷的陆地或水面时，因下部冷却而形成的雾。山东海水资源丰富，从海面吹来温度较低的雾气，遇到温度较高的陆地空气后便会形成平流雾景观。山东烟台、青岛、威海、日照等城市，由于自身的地理位置条件，都是平流雾景观的多发地。例如，位于山东半岛尖上的威海市成山头，7月平均有雾天数达到23.8天，有"雾窟"之称。

(3)气候现象

山东地处中纬度地区，海洋气候与季风气候兼备，四季分明，气候宜人，具有春季迟缓、夏季温润、秋高气爽、冬季少寒的特征，成为仙境海岸、避暑天堂，为体育医疗旅游、体育康复旅游、体育养生度假旅游等提供了良好条件。

(二)人文类体育旅游资源

1. 人文景物类体育旅游资源

山东是孔孟之乡，拥有悠久的历史，积淀了辉煌的文化，留存了很多宝贵的历史遗迹，为体育旅游发展提供了基础。一是齐鲁儿女多英豪，山东人热情、豪爽，多喜爱体育运动，因此，山东有很多独具特色的体育遗迹遗址和古代建筑。二是山东省经济发展水平高，引进和承办了国际足联俱乐部世界杯、国际泳联游泳世界杯等很多国内、国际的大型赛事，建成了系统完备的体育场馆设施和完善的配套设施，体育旅游产品类型非常丰富，群众性体育活动数量多、规模大。

(1)体育遗址遗迹、名人故居

山东是中华文化的重要发源地之一，有着深厚的历史文化底蕴，作为齐鲁体育文化的载体，保存着很多传统体育文化遗址、名人故居，提供了丰富的体育旅游景观资源。

山东省有着大量、多样且独特的体育文化活动遗址。例如，淄博市的足球博物馆是世界范围内第一家专业足球博物馆，馆内有大量的蹴鞠相关的资料和实物，全面展现了足球的起源和发展历史。蹴鞠是中国特有的球类文化，与今天的足球相似，馆内以实物、图画、影音影像等多样化的形式展示了蹴鞠的具体形式。潍坊市的风筝博物馆是国内第一家风筝博物馆，收藏了大量国内、国外的风筝展品，展现了中国风筝的发展历程与中国特有的民族文化，让参观的游客真切地感受到风筝运动的特殊魅力，促进了中国风筝文化的传播。除了博物馆外，山东还有超过百年历史的体育场馆，如20世纪30年代建成的青岛体育场，当时中国正处于半殖民地半封建社会，中西文化、新旧文化在青岛体育场留下了印记，它不仅展现了当时的体育文化，还具有历史意义。山东省可以根据各个体育文化遗址遗迹的具体情况，开发合适的、具有特色的体育文化遗址旅游、体育文化遗址景观赛事旅游等体育旅游项目。

（2）现代体育建筑与设施

山东通过优化体育基础设施和配套设施、引进和承办国际和国内大型赛事，各类比赛训练基地、水上运动基地、体育工厂、温泉疗养度假区、滑雪度假区、高尔夫度假区等现代体育建筑设施旅游资源崭露头角。

山东已经逐步形成了以青岛市方特梦幻王国景区、烟台市体育公园、蓬莱市和圣休闲园、威海乳山市多福山景区、潍坊市富华游乐园、潍坊市安丘青云湖休闲度假乐园、潍坊市青州双贝体育公园为代表的体育休闲乐园。休闲乐园内体育娱乐设施齐全、种类繁多，适合开展体育休闲旅游活动。

众多赛事的成功举办助力山东体育基础设施建设，形成了以青岛奥林匹克帆船中心、青岛国信体育中心、潍坊奥体中心、日照奎山体育中心、滨州市奥林匹克体育馆、烟台市体育公园为代表的体育基础设施。完善的体育基础设施不仅为众多赛事提供了场馆场地，也为大众体育旅游项目的开展提供了载体和资源。大型体育赛事的举办不仅增强了群众的体育意识，还进一步地推动了休闲体育项目的发展。山东已经形成了以日照奥林匹克水上运动公园、烟台海阳旅游度假区为代表的众多大众体育休闲建筑与设施。此类体育建筑旅游资源基础好、品质高、兼具特色，适宜开展体育景观旅游、体育运动体验旅游、体育赛事旅游、体育工业旅游、体育拓展培训旅游、体育商务会展旅游等活动。例如，青岛国信体育馆是青岛国信体育中心的主场馆之一，与青岛国信体育场、青岛国信游泳跳水馆呈"三足鼎立"的总体布局，曾是第十一届全运会冰上比赛和乒乓球比赛的赛场，承办过全国短道速滑联赛（青岛站）、苏迪曼杯羽毛球赛，是CBA青岛国信海天篮球俱乐部主场和羽超青岛仁洲羽毛球俱乐部主场，功能上可以满足全运会和世界单项体育赛事的要求，设计上体现了青岛本土文化脉络与现代设计的一种自然结合。2010年以来，青岛国信体育中心通过举办全运会赛事、国际青年足球邀请赛、中国足球甲级联赛等大型体育赛事，采用商演、展会、参观等多种途径，吸引了各地的体育赛事旅游者、体育商务旅游者和体育景观旅游者。

2. 文化传统类体育旅游资源

传统节日与节庆联系紧密，是休闲娱乐的主要形式和载体，是民族传统文化构成中最具传承性和普遍性的要素，是一种沉思式的庆典态度。传统节日不为发展旅游而产生，但传统节日习俗与体育休闲却有着直接的关系。作为节日文化活动的一项重要内容，体育成为民俗传承、彰显节日特色的重要方式。将各式各样的传统体育习俗从体育旅游角度进行分解重塑，跨越时空界限将不同地域、民族、文化特质、历史时期的体育民俗以节庆的形式进行形象再现，其实质是对民族历史、民族文化、民族传统、民族记忆的追溯、记录和传承，更加契合和满足现代人的心理需求。

作为中国民俗文化的重要组成部分，山东民俗文化历史悠久、多彩多姿、内涵深刻、底蕴深厚、特色浓郁，在发展过程中既各具特色、又相互融合，表现出自身发展的地域性、多样性和融合性特点。诸多节庆的开展与民俗体育关联极高，密不可分，具有较高的社会价值和经济价值，是发展体育旅游的重要资源，具备开发成为体育旅游精品的潜力。山东省节日文化和体育旅游有机融合，已经形成具有地方特色的体育旅游节庆活动，形成以潍坊国际风筝会、青岛国际海洋节、威海荣成国际渔民节、滨州胡集书会、东营黄河口文化旅游节、烟台龙口国际徐福文化节、山东蓬莱渔灯节为代表，以历史文化资源为核心的节庆活动；以长岛渔号、渔民节祭祀仪式、民间食俗、"串黄河"风俗、渔灯节、海岛端午节、田横祭海节、胶东大秧歌、太阳祭祀为代表的反映山东海洋文化的民俗体育旅游活动。

3. 民俗风情类体育旅游资源

民俗是传统文化的活态形式，是一种民间传承文化。民俗体育是一种特殊的体育文化，其首先是一种民俗文化，是存在和融入民众日常生活、节日风俗、礼仪习惯之中的一种集体性、生活化、模式性、继承性的体育活动。山东民俗体育文化资源丰富，涵盖海洋文化、黄河文化、海文化、龙山文化、移民文化等，是齐鲁民俗体育文化的重要构成部分。山东的自然环境涵盖海洋、丘陵、高山、大河等复杂的地形地貌，形成了丰富多彩的特色地域民俗体育文化，而历代的迁徙活动也带来了不同区域、不同民族、不同年代的各类移民文化，两者产生丰富多彩、独具特色的民族民间传统体育活动。文有礼教有序的礼射、棋类等；武有摔跤、石锁、拔河等；幼有打冰滑、推罗圈、打陀螺、打瓦等；长有踢毽子、放风筝和太极拳等。可以满足各种年龄阶段的不同需求。在文化底蕴方面，既有源于古代狩猎的射箭、弹弓，也有源于军事体育中的角抵、摔跤、斗剑；在大众玩乐方面，既有房前屋后的下五子儿、老虎跳井，也有田间地头的斗羊、斗鸡、斗牛。老少咸宜，雅俗共赏。此外还有大秧歌、跑旱船、抬花轿、骑毛驴、舞"春牛"、火龙舞、狮子舞、打年鼓等民间娱乐。多姿多彩的民俗体育造就了体育文化的寻根之旅。

4.武术文化类体育旅游资源

山东的自然环境和人文环境不仅养育了山东人健壮的体貌，塑造了其粗犷的性格，还创造了自然奔放、源远流长、博大精深的中华武术文化。山东武术在中国武术发展史上占重要地位，是中国传统武术的重要组成部分。新石器时期山东大汶口和龙山文化遗址中出土的大批石器器皿，以及在全省各地出土的商代铜制兵器，都是武术器械起源的力证。齐国在管仲任相时，提倡拳勇，重视选拔拳勇之人。齐鲁两国尤胜剑道，山东境内出土的同时期的各种刀剑达上千件，这些都是齐鲁"崇剑尚武"的历史物证。山东武术种类繁多，形成了各自不同的风格、特点和流派，包括烟台的戚家拳、螳螂拳、少林拳、唐拳、八极拳、形意拳、埋伏拳、地龙经、牛郎棍、四通捶等；青岛的孙膑拳、少林长拳、查拳、地功拳、太乙拳、八卦拳、螳螂拳、形意拳等；威海的洪拳、九水梅花长拳、太极拳、地功拳、劈挂拳、螳螂拳、通背拳、意拳、鹰爪拳、八卦掌等；潍坊的徐家拳、牛郎棍、孙膑拳、四通捶、子午门功夫、地龙经等；东营的龙形太极拳、太乙拳、孙膑拳、查拳、少林拳、螳螂拳、形意拳、盘丝腿、戚门十三剑等；滨州的八极拳、罗汉拳、太极拳、通背拳、八卦掌、劈挂拳、意拳等；日照的形意拳、太极拳、咏春拳、九宫八卦斩穴拳、子午门功夫等。丰富的武术资源为武术修学旅游、武术竞赛旅游、武术研讨旅游、武术文化旅游的开展提供了保障。

（三）综合与服务类体育旅游资源

山东省具有丰富、多样的体育旅游资源，吸引着大量国内外游客的观光和体验，其中综合与服务类体育旅游资源别具吸引力，具有多元化、综合性、复合性的特征，相比于单体体育旅游资源，具有更强大的功能性。其不仅具有单体体育旅游资源所普遍具有的体育休闲健身、体育康养等功能，还具有单体体育旅游资源所少有的体育旅游设施与体育旅游服务。从类型上看，其主要分为国家历史文化名城、国家风景名胜区、国家旅游度假区、国家精品体育旅游线路等。下面主要对国家级风景名胜区、国家精品体育旅游线路进行分析。

1. 国家级风景名胜区

山东作为著名的旅游大省,很多旅游风景区不仅风光秀美,有大量的自然旅游资源,还历史悠久、文化底蕴深厚,同时有着很多的人文景观。山东省的旅游风景名胜区主要分为以下几种类型:山岳型、湖泊型、河川型、瀑布型、海岛海滨型、森林型、人文风景型等。截至2024年2月,在山东省15个国家5A级风景名胜区当中,山东滨海地市就拥有10个,包括烟台蓬莱阁旅游区、烟台龙口南山景区、青岛崂山景区、威海刘公岛景区、沂蒙山景区(含潍坊沂山景区)、潍坊青州古城旅游区、威海华夏城旅游景区、东营黄河口生态旅游区、临沂萤火虫水洞·地下大峡谷旅游区和青岛奥帆海洋文化旅游区。

2. 国家精品体育旅游线路

精品体育旅游线路不同于风景名胜区,更突出了体育的属性,是以体育为主,辅之以旅游,包含体育赛事、体育参与、体育观赏等形式的特色体育旅游品牌资源。山东拥有黄河口(东营)国际马拉松赛、威海铁人三项赛、日照海滨山岳行、青岛奥林匹克帆船中心等国家级体育旅游精品赛事和体育休闲旅游精品线路。在其带动下,山东已基本形成了以日照蓝海1号露营公园、潍坊白浪河露营地、青岛蓝凤凰金沙滩房车露营地、东营市神仙沟汽车露营地、山东青云山民俗游乐园国际汽车营地、烟台昆嵛山汽车露营地、威海大乳山滨海旅游度假区露营点为代表,以骑行、徒步、自驾等为主的户外休闲体育旅游精品线路;以青岛奥林匹克帆船中心、烟台海阳亚沙会基地、日照奥林匹克水上公园等为代表,以帆船帆板、龙舟竞渡、赛艇摩托、风筝冲浪等为主的水上运动体育旅游精品线路;以青岛崂山登山节、潍坊风筝节、田横祭海节、威海荣成国际渔民节、威海国际钓鱼节、烟台三月三塔山会、东营孙子国际文化节等为代表的民俗、民族体育旅游精品线路;以青岛天泰滑雪场、龙口南山高尔夫球场为代表的滑雪、高尔夫等高端休闲专项体育旅游精品线路;以青岛国际帆船周、黄河口(东营)国际马拉松赛、威海铁人三项赛等为代表的单项体育赛事旅游精品线路。

(四)商业类体育旅游资源

1. 运动类体育旅游资源

在体育旅游中,首要的是体育元素,体育元素在体育旅游中的主要表现形式为大型体育赛事、新兴体育运动及地域性、普及性、季节性显著的体育运动。例如，具有地域性特征的潍坊风筝节、烟台海阳大秧歌等；具有极强玩乐性，但又受到季节、气候因素影响的水上运动、冰雪运动等；具有普及性的球类运动、马拉松、自行车、徒步等体育活动。

作为体育旅游的核心内容，体育赛事尤其是大型体育赛事，可以在短时期内，形成超乎寻常的物流、人流、信息流的集聚。无论是参赛旅游，还是观赛旅游，抑或围绕着赛事核心区域和建筑的体育赛事景观旅游，都会提高主办城市的知名度，为城市吸引大量的游客，成为城市旅游发展的"催化剂"。中国体育赛事旅游发展空间巨大。

（1）体育赛事、节事活动

山东竞技体育水平较高，体育赛事赛制多元，是全国体育赛事、体育旅游节庆的重要集中地。

第一，职业联赛较为发达。借助优势竞技体育资源，山东形成了相对稳定的地域性体育赛事资源，拥有着众多高水平职业队伍并积极参加各项常规职业联赛。青岛国信海天篮球俱乐部参加了CBA联赛，球队主场设在青岛，同时曾把部分比赛安排在烟台、潍坊举办，2016年球队与潍坊高新区合作，球队曾命名为青岛双星男篮潍坊高新队；青岛中能足球俱乐部、青岛黄海足球俱乐部、青岛辰熙五人制足球俱乐部参与了中国足协举办的各类赛事；青岛仁洲羽毛球俱乐部参加了中国羽毛球超级联赛；山东鲁能足球学校被设在潍坊，山东鲁能乒乓球俱乐部被设在青岛，潍坊设有参加乒超联赛的训练基地；青岛多次承办围甲联赛山东队的主场比赛等。

第二，积极引进和承办国际国内赛事。山东区位环境优越，体育场馆设施齐备，先后有众多国家级和省级体育训练基地落户，并成功举办、承办了奥运会帆船比赛、第十届全运会部分赛事、亚洲沙滩运动会、世界帆船锦标赛、全国水上运动会、黄河口（东营）国际马拉松、中国黄河三角洲山东滨州体育节、潍坊国际风筝会等重大国内外赛事、节事，丰富了山东体育赛事、节事旅游资源。

（2）高尔夫、滑雪、钓鱼等专项体育旅游

专项体育旅游活动是指在体育旅游资源开发相对比较成熟的情况下独立的体育旅游业态，属于典型的体育类旅游资源，主要包括高尔夫、滑雪、钓鱼、自驾等体育旅游资源形式。

山东滨海地区是山东休闲体育产业发展的重点区域，区域内生态环境优良，基础设施完善，拥有马术训练基地、温泉、滑雪场和高尔夫球场等高端休闲体育产业资源，对于引领山东体育产业发展，促进体育产业升级具有重要的示范效应。形成了以东方（烟台）高尔夫俱乐部、海阳旭宝国际高尔夫俱乐部、蒙格马利高尔夫俱乐部（南山东海西区）、南山国际高尔夫俱乐部、南山丹岭高尔夫俱乐部、青岛石老人国际高尔夫球场、青岛伯爵山高尔夫会员俱乐部、东方（青岛）高尔夫乡村俱乐部、威海锦湖韩亚高尔夫俱乐部、山东威海威高温泉高尔夫俱乐部、山东威海天益高尔夫俱乐部、山东东营揽翠湖温泉高尔夫俱乐部等为依托的高尔夫专项旅游；以青岛天泰滑雪场、烟台塔山滑雪场、勃朗鲁东滑雪场、青州驼山滑雪场、威海威虎山滑雪场、滨州中海一号滑雪场、五莲山滑雪场等为代表的滑雪专项旅游；以青岛龙盘休闲海钓示范基地、荣成泓泰桑沟湾休闲海钓示范基地、荣成东楮岛休闲海钓示范基地、荣成烟墩角休闲海钓示范基地、威海刘公岛休闲海钓基地、威海小石岛省级休闲海钓基地、西霞口省级休闲海钓示范基地、牟平云溪休闲海钓基地、莱州芙蓉岛休闲海钓基地、长岛南长山休闲海钓基地、长岛大钦岛休闲海钓基地、日照顺风阳光海洋牧场休闲海钓基地等为依托的垂钓、海猎专项旅游；以烟台乐天游艇俱乐部、日照翟墨国际游艇俱乐部、威海西港国际游艇俱乐部、青岛银海国际游艇俱乐部为代表的邮轮游艇专项旅游。

2. 商展类体育旅游资源

山东体育产业发展迅速，成为体育学术交流、体育产业交易会、体育博览会、体育展销会、体育展览会的重要举办地。山东省会展产业发展协会公布的《2021年度全省展览业发展情况统计分析报告》显示，2021年山东全省全年共举办展览会490场，办展总面积961.45万平方米，共有14.37万家展商参展，920.79万名观众参观线下展会。山东全省会展业形成了以济南、青岛为龙头，临沂、潍坊并肩发展，其他城市紧随其后的梯次发展格局。山东省具有一定专业能力和规模的各类会展企业约400家，主要分为展览组织、会议组织与服务、场馆运营、展台设计与搭建4个专业类别。通过对50家代表性会展企业进行不完全调研统计，代表性企业2021年在省内外共举办展会319场，主承办展会100.28万平方米，年营业收入共计15.51亿元，员工总计1743人。为更好地扶持会展业发展，济南、青岛、临沂、烟台、淄博、潍坊、滨州、德州、日照、泰安等市均出台了相关意见和办法。根据展览业直接收入、企业间接收入、带动收入分析，2021年全省展览业共实现经济效益605.44亿元。[①] 完善的展览设施、优秀的会展策划公司、发

---

① 郑浦丽、邢曼华：《2021年度山东省展览业发展情况统计分析报告发布》（http://sd.people.com.cn/n2/2022/0609/c166188-35308474.html）。

展迅速的体育产业市场为山东滨海体育会展旅游提供了发展平台和广阔空间,举办了青岛健康器械展、游艇帆船展、威海渔具展等大型体育展会。

3. 商品类体育旅游资源

体育旅游商品既有主题性又有关联性。近年来,山东体育产业发展势头良好,体育旅游商品有了良好的发展空间与环境。凭借赛事、主题活动、场馆设施与各类人气赛事效应,山东开发了一系列主题性的体育旅游商品,包括体育旅游装备品、体育旅游衣着品、体育旅游装饰品、体育旅游食品、体育旅游艺术品、体育旅游纪念品等。

体育旅游商品主要有吉祥物会徽品类、民间民俗体育文化品类、场馆设施品类、参与型纪念品类、体育装备品类五种,如青岛奥帆赛吉祥物玩偶、吉祥物T恤等相关制品;潍坊风筝相关制品;青岛奥帆赛基地的造型制品;与专项赛事相关的钥匙链、帽子、文化衫、雨伞、扇子、杯垫、手机壳等,以及运动器材、鞋服、钓具等。

以世界休闲体育大会为例,结合青岛特色,会徽设计取"青岛"的汉语拼音首字母大写"Q"的形状,以青岛莱西木偶戏为原型,设计吉祥物"莱哥""西妹",吉祥物憨态可掬,形象健康阳光,活力四射。青岛也以此为主要内容进行体育旅游商品开发,打造了以平面设计、立体形象为两大类别,以海报、玩偶、学习用品、纪念品、纪念金币为主要载体和形式的系列旅游产品。青岛世界休闲体育大会吉祥物开发包括四大类13种产品,有现场实用类、纪念品类、文化产品类和小饰品类。其中,现场实用类产品包括印有大会标志和吉祥物的指定矿泉水,印有青岛特色风光和吉祥物的文化丝绸折扇,帽檐处设计印制了大会标志和吉祥物的遮阳帽,在背面和胸前部位设计印制了大会标志和吉祥物现场方阵的吉祥物文化衫;纪念品类产品包括以大会吉祥物的形象为主体的毛绒玩具纪念品、车载香水瓶、吉祥物笔筒及签字笔、橡皮等办公室相关产品;文化产品类包括宣传世界休闲体育大会和地方文化的吉祥物标志、城市画卷明信片、纪念邮册;小饰品类包括吉祥物样式的钥匙扣、车内挂件和印有吉祥物图案的现场小喇叭、鼠标垫。

二、山东滨海体育旅游产业资源评价

山东省作为沿海省份,可粗略地分成内陆地区和滨海地区两部分,后者具有更多的代表性体育旅游资源，是山东发展体育旅游产业的重要基础，下面主要介绍与评价山东滨海体育旅游资源。

（一）山东滨海体育旅游资源禀赋评价

下面选取了山东省七个重要的滨海旅游城市：青岛、烟台、潍坊、威海、滨州、东营、日照，从个别城市入手进行滨海体育旅游资源禀赋评价，管窥山东省整体体育旅游资源情况，分析上述城市体育旅游发展潜力，促进科学的体育旅游规划决策。

从宏观层面上看，这七个滨海城市的体育旅游资源分布不均：体育旅游资源禀赋值最高的是青岛，其不仅有着滑雪场、高尔夫球场和其他较为常见的体育场馆与设施，还承办了很多体育赛事，尤其是职业体育联赛，体育类旅游资源占优；第二是烟台，它是国务院批复确定的历史文化名城，有着多处海洋保护区和优质的高尔夫球场，也承办了很多国内赛事，是优秀的旅游城市；第三是潍坊，它是著名的风筝之都，也是齐鲁文化的发源地之一，文化底蕴深厚，有着丰富的非物质文化遗产，以及多处4A级景区，文化类旅游资源占优；第四是威海，它所拥有的各类旅游资源较为均衡，有多处高尔夫球场、海洋特别保护区、国家森林公园等度假资源；滨州、东营、日照由于地理位置、经济发展水平和区域面积等因素，它们的体育旅游资源开发较为不足，需着重挖掘，推出富有特色和创意的创新性体育旅游产品，进一步提升各类旅游资源的数量和质量。

发展体育旅游产业的前提是确保产业主体发展良好，然后基于此将人力、物力、资金等集中起来，进行整体规划。经过上述分析可以发现，各个滨海城市有着不同的体育旅游资源禀赋，因此其体育旅游产业各具特色，应当先明确其各自的特色，这有助于合理地定位各城市的体育旅游形象，从而更好地打造城市体育旅游品牌。以青岛为例，它一直是山东省第一旅游城市，旅游资源总量多，综合类和服务类体育旅游资源与赛事类体育旅游资源丰富，这很大程度上是因为青岛具有丰富的自然资源，同时也是山东省经济发展水平最高的城市，并且体育产业发展水平较高。正是基于上述优势，青岛才有条件、有能力建设大量高水准、大型的体育设施，培养海牛、西海岸和红狮，以及国信海天、国信雄鹰等高水平的足球、篮球等领域的联赛队伍，承办了多个著名的高水平国际国内赛事，可见，青岛已经将体育、旅游与经济有机融合，体育旅游资源禀赋开发水平不断提升。

山东自然类体育旅游资源空间分布不均，烟台、潍坊、威海三个地市自然类体育旅游资源总量占比最大，从区域均衡方面看，受国土面积、地理特征和经济等因素的影响，这三个地市应以自然资源为依托，加快发展生态体育旅游度假产品，打造"仙境海岸"核心区。山东人文类体育旅游资源空间分布不均，潍坊、烟台、青岛人文类体育旅游资源丰富，潍坊应发挥文化积淀丰厚的优势，打造民俗体育旅游核心区。山东现代体育类旅游资源空间分布不均，青岛现代体育类旅游资源领先，应发挥体育类旅游资源核心极化作用，打造水上运动赛事旅游核心区。山东省综合与服务类体育旅游资源空间分布不均，青岛、烟台、潍坊占比较多，滨海地区应发挥其基础设施良好、景区影响力大的优势重点打造以体育商展会展、体育休闲度假、体育演艺为代表的体育旅游产品。

1. 自然类体育旅游资源禀赋评价

山东省各地市的滨海自然体育旅游资源禀赋并不平衡，烟台居首位，其次是潍坊、威海，自然禀赋较小的是青岛和日照。烟台、潍坊地区是山东省自然类体育旅游资源的集中地，资源分布独具特色，资源开发相对完善。烟台市滨海海洋自然资源基础好，国家级森林公园、海洋特别保护区存有量在滨海地市中居首位，表现出滨海海洋资源丰富，资源开发利用率高的特点。滨州市与潍坊市的国家级水利风景区数量较多。滨州与东营的自然类资源数量虽然不多，但是在生态资源方面优势独特，形成了以黄河生态为主体，以黄河三角洲生态湿地为依托的生态旅游资源品牌。虽然山东在黄河生态保护与湿地公园建设等方面比较成熟，但仍需进一步增强对生态脆弱区的保护和开发，山东滨海依靠自然生态优势，建立生态体育旅游示范区，并以潍坊、滨州、东营为核心区，设生态红线进行保护性开发，开展以露营、徒步、登山等为代表的生态体育旅游活动项目。

2. 人文类体育旅游资源禀赋评价

人文类体育旅游资源在山东的分配并不平衡，潍坊、烟台和青岛人文资源较多，表现出了潍坊"风筝之乡"、烟台"葡萄酒都"、青岛"奥帆之都"的开发成熟、人文要素齐全的特征。

山东人文类体育旅游资源禀赋各有差异。青岛、威海和烟台是全国工业旅游示范点，由此可见，青岛、威海、烟台三个城市的工业发展起步较早且较成熟，成为体育工业旅游的主要区域。威海休闲渔业示范基地的禀赋值占山东滨海各市的一半，足以说明威海市的渔业资源开发比较成熟，宜发挥资源优势，建设特色渔业基地，打造海钓旅游等海洋牧场产业集群。在非物质文化遗产禀赋方面，潍坊、烟台和青岛排名较高，可以看出这三地在文化传承与保护方面的发展较好，如各城市非物质文化遗产的代表：潍坊风筝、烟台葡萄酒、莱州螳拳、胶州秧歌、青岛崂山文化等，都具有一定的国际影响力。尤其潍坊历史悠久、源远流长，是历史上著名的手工业城市，是中国历史上最大的风筝、木版年画的产地和染散地，素有"世界风筝之都"的称号。明清时期潍坊便以"二百只红炉，三千铜铁匠，九千绣花机，十万织布机"闻名遐迩，拥有聂家庄泥塑、扑灰年画、潍坊核雕、潍坊刺绣、潍坊嵌银漆器、昌邑剪纸、龙虎斗打击乐、小章竹马、大葛狮子舞、高密茂腔、青州挫琴艺术、孙膑崇拜、撅灯官等众多文化遗产，成为山东民俗体育文化的集聚区。滨州作为齐文化与黄河文化的发祥地之一，民间传统艺术多种多样，如无棣狮包、渔盐民祭海等活动凸显了滨州的人杰地灵及民风淳朴。因此，滨州应着力推动体育文化、旅游、民俗体育三者的融合发展，开发创意性旅游资源，对民俗体育体验、民俗体育商品、体育节庆等旅游消费热点进行深度发掘，发扬与延伸体育旅游文化属性，打造各种节庆活动，提升体育旅游消费占比。东营应依托"兵家体育文化""红色体育文化""体育历史名人文化""民俗体育文化"四大体育文化品牌优势，以及孙子文化旅游度假区、武圣府生态文化交流中心的文化优势和孙武湖体育旅游自然资源优势，深挖古代兵家体育文化，重点开发兵家文化展示区、兵家文化体验游憩区、滨湖温泉体育休闲区和兵家影视文化区四大体育文化功能区，着力塑造"诸子之祖，百家之源"的独特孙子体育文化旅游品牌；依托山东省非物质文化遗产中的陈官短穗花鼓、东路大鼓、大码头老汉摔跤、孙斗跑驴、枣木杠子乱弹等体育民俗项目，大力发展民俗体育文化创意、民俗体育体验、民俗体育观赏、民俗体育修学等民俗体育旅游形式，传承、创新、活化民俗体育非物质文化遗产，打造特色民俗体育旅游产业集聚区。

（二）山东滨海体育旅游资源丰度评价

山东滨海体育旅游资源丰富，但由于自然地理条件、历史文化传统等因素造成的差异，使得地市资源类型各有不同。区域面积、地方人口、体育旅游资源数量等因素都会影响体育旅游资源的丰度。

1. 特优型

威海是体育旅游资源相对丰度类型为特优型的城市，是山东滨海地区资源相对丰度最高的城市。由于威海的文登区和荣成市被选为首批国家全域旅游示范区，这一先天条件促使威海产生了较多的高端体育项目，对滨海体育资源丰度的贡献较大。主要表现在以下四个方面。第一，威海大力推进海岸旅游景观建设，塑造了独具特色的营销形象，配以"幸福海岸""走遍四海，还是威海"等宣传标语，使得威海市十分适合发展不同的休闲体育旅游运动。第二，威海还举办过各种各样的大型国际性赛事，先后承办了威海国际铁人三项洲际杯赛、威海国际铁人三项世界杯系列赛、全国铁人三项冠军杯系列赛、中国威海HOBIE帆船公开赛、"赤山旅游杯"第八届东亚手球俱乐部锦标赛、ITF国际青少年网球巡回赛（威海站）、昆嵛山国际登山节等一系列大型体育赛事。第三，高端体育运动方面，威海市的高尔夫球场林立，同时利用渔具产业集中优势，建设休闲渔业基地和海洋牧场，集钓具展销旅游、海洋垂钓旅游、休闲垂钓旅游及竞技垂钓旅游于一体，打造"钓具之都，垂钓之城"，成为山东滨海高端体育休闲运动的典范。第四，文化旅游方面，威海荣成国际渔民节等具有国际影响力的节庆项目为滨海体育旅游发展增加了文化核心竞争力。

2. 较优型

山东滨海体育旅游较优型城市有青岛、烟台和潍坊三个地市。青岛、烟台和潍坊体育旅游资源单体较多，且单位面积资源占有量较高，资源类型为较优型。青岛、烟台两市高端体育运动项目较多，如青岛的"天堂海岸"、烟台的"仙境海岸"等主题品牌，对滨海体育旅游丰度贡献较大；潍坊体育类非物质文化遗产等资源赋存较高，居山东滨海地市首位，但其行政区划面积较大，导致其滨海体育旅游资源相对丰度值较小。体育赛事方面，有青岛奥帆赛及帆船系列赛事、烟台亚洲沙滩运动会、潍坊中日韩青少年运动会、潍坊风筝冲浪赛年度系列赛等各项大型国际性赛事；文化旅游方面，三个地市的非物质文化遗产众多，如青岛的胶东大秧歌、烟台长岛渔家号子、潍坊杨家埠年画，以及莱阳螳螂拳、临朐四通捶等武术项目，极大丰富了这三个地市的滨海体育旅游资源，提升了这些地区的体育旅游资源丰度。

3. 优良型

日照为山东滨海体育旅游资源优良型城市。虽然日照市体育旅游资源相对匮乏，资源禀赋较低，但其体育旅游产业发展迅速。日照大力宣传"水上运动之都"品牌，采取以融合体育赛事与城市景观为特点的城市发展战略，规划建设了9.2平方千米的奥林匹克水上运动公园，成为中国唯一一个能够同时举办海洋、湖泊和室内水上项目比赛的赛区。水上运动被称为"蓝色体育产业"，日照市深挖蓝色体育文化内涵，推动以渔人海滩、任家台景区和森林海滩景区为主的山海天阳光海岸项目建设；以精品体育赛事为引领，发挥日照海、湖、河等水上运动优势，加速五莲县龙潭湖、岚山海洋牧场水上运动项目建设，以海钓、游艇、帆船、龙舟等体育休闲项目为依托，创新水上运动项目，提升"水上运动之都"城市品牌形象。此外，日照市依托五莲山、九仙山、黑虎山、大北山等丰富的山岳资源，推动以黑虎山狩猎场、大青山国际太极拳培训基地为主的运动体验项目建设，积极开展以滑草、登山、健步走、攀岩、山地探险、户外拓展为主的户外体育旅游活动；大力普及冰雪运动项目，以五莲山滑雪场、浮来青四季滑雪场、沁园春滑雪场为依托，重点建设以健身休闲为主的冰雪场地设施，丰富日照市淡季体育旅游产品；依托"氧吧城市""宜居城市""绿色城市"等生态优势，加速体育与养老、医疗、康复、文化、教育、航空的融合，大力发展体育休闲度假旅游、冰雪体育旅游、体育康养旅游、体育拓展旅游、体育航空旅游等新兴体育业态，提升体育旅游资源丰度，拓展体育旅游空间，促进体育旅游产业的转型升级。

4. 普通型

山东滨海体育旅游资源普通型城市有滨州和东营。滨州、东营两市体育旅游资源主要集中于滨河、滨海地区，体育赛事、体育节庆、非物质文化遗产等项目较少。滨州与东营针对黄河湿地生态保护的特殊性，应建立完善的生态资源保护制度，设立开发生态保护红线，为黄河三角洲生态建设保驾护航。这也是滨州和东营两市各种资源开发呈现出相对滞后性和资源丰度相对较低的主要原因之一。但两地市具有丰富的特色文化（如武圣文化、黄河文化、移民文化、剪纸文化等），具有较高的开发空间。因此，滨州和东营依托黄河三角洲高效生态经济区开发和山东半岛蓝色经济区建设等国家战略，打造特色滨海民俗体育旅游文化区和具有地域特色、异质性强的生态体育旅游区，就成为滨州、东营体育旅游发展的主要方向。

滨州依据地域特色，契合生态主线，构建南"山"、北"海"、西"兵法"、东"佛寺"、中"黄河"五大板块，培育"千年古城，山岳风光""滨海湿地，黄河风情""赏山水河，拜丈八佛""兵法修学，杜氏文化""贝壳古堤，冬枣采摘""山水兵城，古堡览胜"六条旅游精品线路,将孙子兵学修学体验、黄河体育生态休闲、滨海体育养生康体、黄河民俗观赏体验与滨州文化进行了有机融合。近年来,滨州以中国黄河三角洲山东滨州体育节为龙头,举行系列体育赛事,承办了多项次省级以上单项比赛,举办了多项次市级各类比赛。滨州应扩大自行车邀请赛、钓鱼锦标赛、体育舞蹈锦标赛、高尔夫球锦标赛、BBA篮球联赛、信鸽竞翔赛、象棋棋王赛、高校毽球锦标赛、越野行走公开赛等传统赛事的品牌效应,通过开展周期性、常态化、群众性的系列体育赛事,打造品牌体育赛事,为旅游产业带来有力推动效应。

为丰富东营体育旅游资源,应以黄河为主线,以生态为特色,挖掘黄河文化、石油文化、武圣文化、黄河三角洲文化等文化内涵,按照"三区、四馆、五湖、十园"旅游景区发展的规划布局,科学规划、设计、布局全市体育旅游特色项目,加速体育与旅游融合。打造以"体验黄河脉搏、追梦黄河文明"为主线,以龙悦湖旅游度假区、揽翠湖旅游度假区、龙居黄河森林旅游区、天鹅湖、清风湖公园、白石温泉等生态资源为主的体育颐养度假旅游项目;以武圣孙武为代表的兵家文化旅游体验项目;以吕剧为代表的非物质文化遗产传统演艺文化旅游项目;以虎斗牛、陈官短穗花鼓、盐斗虎、牛庄花灯等为代表的民俗体育文化旅游项目;以孙子国际文化旅游节、黄河口自驾车旅游节、黄河生态旅游文化节、东营·孤岛槐树林温泉旅游区帐篷节为代表的体育节庆旅游项目;以黄河口(东营)国际马拉松为代表的体育赛事旅游项目;以刘集、渤海垦区革命纪念馆为代表的红色体育旅游项目;以南国风情园、郝家绿色生态观光园、丁庄现代农业观光园等为依托的田园风光体育休闲旅游项目。依托莱州湾蛏类、河口浅海贝类、利津底栖鱼类、广饶沙蚕类、黄河口生态这五处生态国家级海洋特别保护区,加速现代渔业基地和休闲渔业示范基地、海洋牧场的建设,推进渔业从"渔猎型"向"农牧型"的转变,打造"渔夫人家"的海洋牧场体育休闲品牌。以健身绿道、健步步道、露营廊道、自驾线路、黄河水域、航空空港、邮轮母港为廊道,建设一批具有鲜明地域特色的水上运动、户外运动、山地运动、极限运动、低空运动等精品体育休闲旅游项目,建设一批体育旅游小镇、体育旅游特色村、体育旅游驿站、体育休闲旅游户外运动功能区和体育休闲旅游综合体,打造具有地域特色、品牌复合的"黄河大观,逍遥自驾""生态黄河,养生康体""生态东马,健康东营"等知名体育旅游品牌。

第三节 山东滨海体育旅游产业优化

一、山东滨海体育旅游发展与产业优化原则

（一）整体规划，点面结合

只有在对全域进行合理的整体规划的基础上，山东体育旅游产业才能够顺利发展。因此，应当深入、全面地分析山东省的区位优势、产业优势、体育旅游资源和市场特点，并基于此对山东滨海体育旅游产业的空间、结构和功能等方面进行整体、系统、科学、合理的全域性规划，要做到因地制宜，打造区域特色，有条不紊地开发体育旅游资源，逐步推进体育旅游产业发展。第一，应当优化组合本地的体育旅游资源，并重视本地旅游、文化、渔业等的结合，如规划设计集运输、旅游、露营等多元功能于一体的交通道路。第二，加强本地体育旅游资源的相互交融和共同建设，共享旅游资源并进行组合营销，加强业态融合、产业叠加，重点建设强竞争力、高水准的体育旅游产业聚集区。

对山东滨海体育旅游产业进行整体规划，应当坚持点面结合原则，要牢牢抓住体育旅游核心景区。一方面要针对性地打造特色化、差异化的核心景区，并加强核心景区的品牌建设和体系建设。以体育旅游项目、体育旅游驿站、体育旅游露营地、体育旅游特色村、体育旅游综合体、体育旅游特色小镇为点，以精品体育旅游线路、体育旅游绵延带为线，点线结合地进行局部建设，发挥其空间聚集、辐射带动作用，促进体育旅游市场整体吸引力的提升。另一方面要围绕核心景区、体育赛事或体育节承办地，对其附近地区进行系统建设，使之共融共生，形成整体性的体育旅游氛围，打造规模效应。以核心景区、体育赛事或体育节承办地为点，以体育旅游示范市、示范县（区）为面，由点及面、以点带面地进行全域体育旅游综合化、体系化建设，着重加强体育与休闲旅游的融合，积极打造富有地方特色的体育旅游体系。大力支持山东滨海体育旅游按照由点到线再到面的顺序发展，推动其更快地全域化，建设点面结合、相互支撑和带动的全域体育旅游网。

（二）全域统筹，城乡融合

坚持全域统筹、城乡融合原则，主要是指以城市带动、促进和反哺乡村，构建城乡一体化统筹协调发展机制，使得城市和乡村之间形成有效互动、良性循环，

进而实现共同发展。城市和乡村之间在体育旅游资源、体育发展水平、经济发展水平、区域位置、交通条件等方面有着显著的差距,加之城乡二元结构的影响,因此,城市的体育旅游发展水平远远超出乡村,必须着重加强城乡之间体育旅游的统筹规划和融合发展。政府应当积极发挥统筹规划和宏观管控的职能,加强财政、交通、体育、旅游等相关部门的协调与合作,在乡村公共体育服务建设方面投入更多的资源,加强乡村基础设施建设,尤其要加强乡村体育旅游服务设施建设,积极支持和引导景区与赛事节事同乡村地区达成合作,协调双方的利益关系,促进体育旅游产品供需协调,推动体育旅游相关产业之间的协同、联动与共融,促进体育旅游服务空间内外协调发展,推动山东滨海体育旅游全域化发展。

发挥全域体育旅游促就业、惠民生、减贫困的引擎功能,将体育旅游功能有效融入新农村、美丽乡村、小城镇建设,统筹城乡体育旅游资源,提升体育旅游优势资源品质。开展优势体育旅游资源创新开发,引导体育旅游资源优质要素由城市走向农村,促进公共服务向农村延伸。将有利于农村体育旅游发展的资源优化组合,通过体育旅游催化,促进山岳体育颐养旅游、乡村自驾旅游、休闲垂钓旅游、农村民俗体验旅游等融合业态的再融合,打造完善的城乡一体化体育旅游产业链,实现体育旅游的差异化、特色化发展和转型升级,实现乡村特色体育旅游产业集聚和融合,构建多业态叠加融合的综合性体育旅游产业体系,使农民实现就地现代化和城镇化,最终形成城乡联动、区域统筹、共建共享全域体育旅游红利的大战略、大产业、大开发格局。

(三)多业并举,融合发展

体育旅游具有关联性、融合性、渗透性、体验性等特点,涉及社会经济、文化、环境、生活的各个方面,集合关联度强、融合度高、综合性强、拉动强、产业链长等产业特性。城建、交通、商业、教育、文化、体育、环保、卫生等相关部门行业紧密结合,成为一条无边界产业链。推动山东滨海体育旅游多业融合发展,要充分发挥山东的旅游、经济、文化、教育、商务、医疗、服务、信息等产业资源优势,打破体育与旅游的产业、行业和地区壁垒;要统筹交通、商业、文化、体育、卫生等相关部门行业间的协调发展,促进体育旅游吃、住、行、游、购、厕等基础服务要素的合理配置和协调发展;要通过体育旅游产业渗透、产业交叉和产业重组,实现商、养、学、闲、情、奇等新兴体育旅游要素跨界融合。

创新创意体育旅游产品,积极培育体育旅游新业态,需要在发展山东滨海体育旅游时综合考虑第一、二、三产业体育旅游化共赢发展，注重各个行业的体育旅游化融合发展。第一，多业并举，全业融合。注重农、牧、渔、医等业态与体育旅游的融合发展，注重体育乡村旅游、体育牧场旅游、体育森林旅游、体育湖滨旅游、体育颐养旅游的融合发展；注重产业制造与体育旅游结合，提高房车、营地、户外装备等体育旅游产品智能制造水平，提升体育旅游产品质量；注重服务业与体育旅游结合，提高体育旅游服务性消费水平，提升体育旅游的医疗、教育、金融、信息等服务品质，实现各行各业体育旅游化和多种资源体育旅游化。第二，精品带动，品牌发展。通过实施体育旅游精品示范工程，巩固发展山东滨海体育观赛、体育休闲、度假养生等传统体育旅游方式，创新发展山东滨海体育文化旅游、体育商务旅游、体育医疗旅游、体育研学旅游、体育地产旅游等新兴体育旅游业态，发展体育赛事旅游、体育节事旅游、体育休闲度假旅游等核心体育旅游产业品牌，加快推进体育旅游与特色乡村小镇、信息化、渔业、农业、林业、牧业等多方位产业品牌的融合，形成主业突出、分工协作、良性互动的特色体育旅游产业发展格局。

（四）文化发展，智慧保障

山东历史悠久，多元文化交融共存，具有深厚的历史文化底蕴，这是发展体育旅游的有利条件。为发挥文化资源对体育旅游发展的促进作用，应重视文化发展原则，对山东省的海洋文化、黄河文化、仙道文化、养生文化、奥运文化、太阳文化、龙山文化进行深入的挖掘和开发，使之成为体育旅游发展的养料，将之与健康、创新、协调、绿色、开放、共享的新发展理念有机融合。应当在保护生态的前提下，利用科技手段，加强文化与体育的融合，建设具有本地特色的、富有文化内涵的、突出体育特质的体育文化旅游品牌。例如，可以深入挖掘和开发"仙境海岸"的道教文化、海洋文化，打造融康养保健、度假休闲、体育运动于一体的体育文化品牌；可以深入挖掘和开发潍坊的风筝文化，打造融民俗、休闲、节庆于一体的体育文化品牌；还可以深入利用青岛的"帆船之都"文化和"足球名城"文化等优势积极打造富有青岛特色的体育文化品牌。总之，应当对山东滨海地带的体育文化内涵进行深入挖掘，加强产品开发和创意设计，有效提升体育旅游产品的文化性和附加值，建设具有本地特色的、差异化的、富有体验性的、附加值高的、富有文化内涵的体育旅游产品体系，使山东滨海地区成为国内领先，乃至国际知名的体育文化旅游目的地。

智能时代已经到来，互联网技术、数字技术等先进技术融入社会各个方面、各个产业，为各行各业发展注入了新动力，也为体育旅游产业发展提供了智慧保障。因此，应当坚持智慧保障原则，将网络信息技术、数字技术等充分应用于体育旅游的各个方面，使两者充分融合，促进体育旅游产业朝着现代服务业的方向发展。围绕游客体验，协调体育、交通、卫生等相关部门，加强信息共享和整合，构建包含安全监管联动平台、服务平台、咨询服务平台、电子商务平台、营销平台的山东滨海全域体育旅游大数据中心，积极构建和健全智慧预警、管理、决策机制，全面提升服务水平。加速进行山东滨海体育旅游空间的智慧建设，促进体育旅游产业升级。

（五）提质扩容，创新发展

全域体育旅游是体育旅游发展理念、发展模式的创新，更是旅游业提质扩容、转型升级的新方向。经济新常态背景下，国内区域经济政策面临着新一轮的政策调整，要坚持科学创新理念，充分运用滨海体育旅游产业在"转方式、调结构"及"提质扩容"中的成果，在稳步前进的同时，推动大众创业、万众创新，创新体育旅游发展模式，创新体育旅游发展理念。加快体育旅游供给侧结构性改革、体育旅游产品多元化创新，打造高品质滨海体育旅游产品，精准体育旅游产品营销，延伸体育旅游产业链条。创造体育旅游消费新热点，完善体育旅游服务体系，优化体育旅游环境，提升体育旅游企业美誉度，拓展体育旅游发展空间，构建体育旅游产业新体系。通过全域体育旅游的创新发展，实现体育旅游规模、结构、质量、效益同步提升，实现体育旅游从小旅游向大旅游、从景区向景区城市、从粗放低效旅游向精细高效旅游转变。优化山东滨海体育旅游产业结构，创意滨海体育旅游产品，创新服务供给方式，构建多层次、多元化的体育旅游服务供给体系。发挥全域体育旅游创新发展的引领作用，促进山东滨海体育旅游产业转型升级、提质扩容，实现山东城乡体育旅游的全业共融、全域共建、全体共荣、全民共享。

（六）全民参与，绿色共享

全民旅游时代应以生态文明建设为根本，以人人共享为目标。牢固树立城乡统筹、生态统筹、系统统筹的全面协调可持续发展的理念，倡导社会共建，坚持政府主导，注重多元参与，调动社会、个人的积极性，打造资源共享和充满活力的体育旅游市场。

发展山东滨海全域体育旅游既要调动体育旅游经营者、体育旅游相关服务者的参与积极性，提供品质体育旅游产品；又要使体育旅游者在体育旅游过程中注重旅游意识和文明素质的提升，获得健心、健身、顺心、开心；更要发挥体育旅游产业绿色生态优势，合理开发利用体育旅游资源，将生态环境优势转化为体育旅游发展优势，将绿水青山转化为体育旅游天堂。优化体育旅游生态环境，推进体育旅游产业的绿色发展、循环发展、低碳发展，建设宜居、宜游的体育旅游生态环境；传承保护好传统文化，促进人、自然、社会的和谐发展，促进生态文明建设。让体育旅游目的地居民共享体育旅游环境和服务，生活得更便捷、舒心、幸福，树立"人人都是风景、人人都是旅游形象、人人都是健身大使"的理念，以及具有高度责任感、幸福感、自豪感的主人翁意识。推动人人参与、人人尽力、人人享有，共享全域体育旅游发展成果，即通过全民参与促进体育旅游者、体育旅游经营者、体育旅游目的地居民的协调发展，共建共享全域体育旅游服务、体育旅游环境、体育旅游发展红利，提高全民幸福指数和健康指数。

二、山东滨海全域体育旅游空间优化与布局

（一）山东滨海全域体育旅游空间优化路径

1. 发展极——极核带动、斑块扩展

全域化发展不代表各区域体育旅游的各要素同时、平均发展，实际上，在一个整体内的不同部分之间实现同时、平均发展是不现实的，总是有些部分会先发展或发展较快，并且有效带动和辐射其他部分的发展，这就是发展极。因此，山东滨海全域体育旅游在空间上，要积极推动部分城市的某些体育旅游相关产业或部门优先发展，使之成为发展极，发挥其极化作用，辐射和影响区域形成强势斑块，并不断扩展影响力和辐射力，成为带动全域体育旅游发展的重心。青岛是山东经济实力最强、体育旅游产业发展水平最高的城市，应当以它为极核城市，使之辐射带动附近城市体育旅游产业的发展，逐步形成烟台—威海、青岛—日照、青岛—潍坊、青岛—烟台、潍坊—东营、滨州—东营等强势斑块，进而拓展至全域，带动山东滨海全域的体育旅游发展。因此，应当进一步支持和促进青岛体育旅游的深层次、高水平发展，不断增强和充分发挥其辐射带动作用，以及体育旅游集散中心的作用，由青岛这一极核城市带动上述强势斑块，再由强势斑块扩展

至山东滨海全域，使三者良性互动、协调发展，最终实现山东体育旅游产业整体的高质量、可持续发展。

分析山东滨海全域旅游节点性城市的体育旅游资源、体育发展水平、历史文化底蕴、配套设施、客源市场、经济实力和体育旅游发展情况等，可以将这些节点性城市分为三个层次，以青岛为一级核心点，以烟台、威海、日照为二级关键点，以潍坊、东营、滨州为三级发展点，优先发展这七个城市，并突出层次性，充分发挥其影响力、辐射力、带动力和吸引力。一级核心点：积极强化和发挥青岛作为全国性中心旅游城市和旅游集散中心的重要作用，找准市场定位，面向国际市场和国内中高端市场，大力支持和推进高端体育旅游发展，积极承办国内外大型著名体育赛事，重点开发和发展邮轮游艇、海上垂钓、海上牧场、高尔夫等体育旅游产品和服务，将青岛建设为富有国际竞争力的世界一流体育旅游城市。二级关键点：积极强化和发挥烟台、威海、日照作为区域性中心旅游城市和旅游集散中心的重要作用，面向国际市场和国内市场，着重发展休闲度假类旅游产品，如体育养生、康体旅游、垂钓滑雪旅游、民俗体育旅游等，打造东北亚著名的体育休闲度假旅游城市。三级发展点：积极强化和发挥潍坊、东营和滨州作为山东省中心旅游城市和旅游集散中心的重要作用，面向国内和省内市场，大力发展体育休闲旅游，如体育节庆旅游、民俗体育旅游、露营自驾旅游等，打造国内著名的体育休闲旅游城市。

2. 发展轴——轴线连带，廊道扩展

构筑以日照—青岛—烟台（滨海线）为发展主轴，以烟台—威海、潍坊—青岛、潍坊—东营和滨州—东营为支轴的山东省体育旅游发展轴体系。依托日照—青岛—烟台（滨海线）主轴的辐射带动作用，壮大四条支轴的集聚作用，形成路线层次清晰的体育旅游发展扩散路径，促使体育旅游产业由主轴向支轴扩散，从一级核心点向二级关键点和三级发展点辐射，加快体育旅游景区化进程，逐渐辐射形成山东滨海全域体育旅游区。

3. 发展网——连线成面，网状扩展

依托各中心城市和高级别景区，以海滨公路、城际铁路、航空空港、邮轮码头等沿海主干交通为脉络，以海岸为依托，进行东扩西联。向东依托青岛、烟台、威海等核心节点，面向"仙境海岸"体育旅游绵延带，利用海岛、海湾、礁、码头、航线等要素构建海洋体育旅游产业空间；向西依托青岛、烟台、威海、潍坊、东营等关键节点，面向广大内陆腹地，依托重要高铁、高速、风景道、主干河流、通用航线等交通廊道，串联内陆体育旅游城镇、体育旅游乡村等节点，通过产品分工、线路整合、市场承接、要素流动等途径，加强区域内部旅游合作，壮大内陆腹地旅游产业空间，推动体育旅游发达区域大大小小的经济中心（点）沿体育旅游廊道向不发达区域纵深发展推移，紧密联系城市与周边市镇、农村，扩大体育旅游核心区域和核心轴带的辐射能力。进一步完善充实海岸带吸引物、公共服务和接待服务等旅游产业要素，形成网状山东滨海体育旅游带布局。

4. 发展域——网面扩展，域状融合

以青岛、烟台、威海、日照、潍坊、东营、滨州七个沿海城市为区域中心城市，以"仙境海岸"绵延度假区、青岛奥林匹克帆船中心、青岛崂山景区、烟台八仙过海旅游景区、烟台龙口南山景区、潍坊沂山景区、潍坊青州古城景区、威海刘公岛景区、威海华夏城旅游景区、东营黄河口生态旅游区、日照奥林匹克水上运动基地等核心旅游景区、大型旅游度假区或体育旅游综合体为基地，有机融合周边观光、游憩、运动、美食、购物等旅游设施和服务，组合开发城郊山地、乡村、河流、湿地、滩涂、海岸、海岛、海湾等休闲游憩资源，科学规划山东滨海体育旅游资源布局，优化山东体育旅游功能，加强体育旅游与医疗、教育、卫生、商贸、文化、渔业、养老等产业的融合，构建以大型品牌体育赛事为核心的赛事体育旅游中心，以大型体育游乐园为核心的体育游憩中心，以体育休闲度假为核心的体育旅游度假中心，以大型体育商贸为核心的体育商展旅游中心，以体育诊断、医疗、康复为核心的体育颐养旅游度假中心，以体育修学、培训为核心的体育教育培训旅游中心的特色功能分区。通过功能分区组团优化的发展模式，充分发挥体育旅游中心节点作用，发挥体育旅游资源的优化组合优势，通过功能优化、合理布局，实现以点带线、以线带面，辐射带动区域体育旅游的均质发展，进而形成区域体育旅游网络，实现山东全域体育旅游开放式、互动式、渐进式、均衡式发展。

（二）山东滨海全域体育旅游空间布局

山东滨海体育旅游发展的最终目的是通过区域体育旅游的共建、共荣、共享，实现区域体育旅游的全域发展，打造竞争优势明显、区域品牌形象显著、区域均质发展的体育旅游目的地。根据山东滨海体育旅游资源的禀赋特色和区位条件等进行资源区域组合划分，考虑到各个滨海地市不同旅游发展实情，应实施组合协调、因地制宜的发展战略，实现山东滨海体育旅游产业空间布局由滨海岸带向全域延伸，在空间上形成"一核、一链、四廊、多点支撑"的特色滨海体育旅游空间布局。

1. "一核"引领

"一核"指的是青岛滨海体育旅游核心区。依托青岛作为中国沿海重要中心城市、"一带一路"综合枢纽城市、世界海洋经济发展领军城市、世界滨海度假旅游城市、国际性港口城市、国家历史文化名城、国际高端海洋体育赛事中心城市的战略地位，抓住建设国家级"青岛西海岸新区"的重大机遇，发挥青岛体育赛事中心、体育旅游金融中心、体育旅游创客中心、国际邮轮母港基地的产业优势，发挥青岛作为山东半岛海、陆、空全域空间游集散中心、接待服务中心的作用，以入境体育旅游市场、国内中高端体育旅游市场为主体目标市场。以"帆船之都"为品牌引领，凝练青岛帆船文化和运动文化。以青岛风河伟业体育健身休闲示范基地和青岛奥林匹克帆船中心体育旅游示范基地为引领，打造特色水上运动竞赛休闲旅游区。重点发展以"国际帆船周"为核心的自主 IP 高端体育赛事旅游；依托田横祭海节、青岛国际海洋节、青岛国际啤酒节等节庆品牌，打造体育节庆旅游嘉年华；深度挖掘滨海生态优势，依托温泉、高尔夫、邮轮游艇、海洋牧场等资源优势，突出休闲、浪漫、高端、时尚性等特征，重点发展以体育康复、体育养生、体育疗养、体育休闲为主的高端体育休闲度假产品；挖掘青岛作为历史文化名城以及经济、金融、贸易中心的优势，大力发展体育商务会展旅游、品牌体育节庆旅游、特色民俗体育旅游、邮轮游艇旅游、帆船帆板旅游、新兴体育项目旅游等，将青岛打造成具有世界级影响力的国际著名滨海体育旅游城市。

2. "一链"串联

"一链"指的是山东滨海体育旅游发展链。依托山东滨海地区丰富的滩、湾、岛、礁、林等自然资源和内容多样的仙道文化、海洋文化、民俗文化、品牌赛事等优势资源，发挥滨海地区密集的国家级、省级旅游度假集聚区和连绵带的引领作用，以体育旅游集散中心、体育旅游精品线路、体育旅游综合体、体育特色旅游小镇、体育特色乡村旅游、自驾露营地、邮轮母港、航空码头、垂钓基地、海洋牧场为依托，串点成线，打造山东滨海系列特色体育旅游产业链。开发具有浓郁山东特色的自行车、摩托车、汽车、海钓、高尔夫、风筝冲浪、沙滩运动、海岛探险、航空飞行等不同形式的赛事体育旅游链、滨海腹地运动休闲旅游链、滨海岸滩体育旅游链、海上体育休闲活动旅游链、海岛体育旅游链等特色滨海体育旅游链条。

3. "多点"支撑

根据地理区域条件、旅游资源品位、旅游接待服务基础，考虑不同节点的特色主题和旅游功能，重点打造以下结构功能的综合度假节点：依托七市各中心城区具有优势度假资源和接待条件的大型旅游度假区、拥有广泛市场吸引力的高级别景区，构筑各具特色的区域中心节点，辐射带动周边旅游资源开发和客流互动；梯度构建围绕中心节点的次级节点，进而形成功能相对完善、主题相对统一的旅游产业组团。最终形成山东滨海旅游业重点突出、特色各具、相互支持、网络化发展的新格局。

4. "四廊"驱动

整合山东的体育旅游集散地、景区和景点，打造以飞机场为依托的航空廊道；打造以铁路、高速公路为主的陆路交通廊道；打造以河流沿线风景带为依托的江河旅游廊道；打造以邮轮母港为依托的环山东半岛滨海廊道。形成立体化的体育旅游交通廊道网络，并带动廊道两侧腹地体育旅游产业进一步发展。

（1）依托陆路交通的体育旅游廊道

以山东滨海七地市为核心节点，对山东体育旅游空间进行整合与布局。以高速铁路、高速公路线为轴线，以主要铁路、公路为依托，辐射、带动交通沿线旅游节点城市，构建滨海陆路交通沿线旅游带。加速大连到烟台的海底隧道建设，建设贯通天津、滨州、东营、潍坊、烟台、威海、青岛、日照的环渤海沿线的城铁交通轨道，加速青岛—日照—连云港、日照—曲阜、青岛—济南的贯穿引领作用，加速体育旅游人流的转移。

（2）依托滨海港口的体育旅游廊道

以青岛港为核心，以东营、滨州、潍坊、威海、烟台、日照六个沿海城市为节点，构建滨海"金项链"。发挥青岛的邮轮母港优势和辐射作用，将山东滨海沿线打造成独具北方特色的国际化滨海体育旅游集聚带。扩大青岛邮轮母港的规模，加速烟台、威海、日照的运输服务能力，合理布局港口、码头、停泊点建设，通过海陆统筹、空间互动，打造"陆上参与、岛上娱乐、海上休闲"的体育旅游发展模式。

（3）依托区域流域的体育旅游廊道

山东滨海区域分布着黄河、潍河、大沽河、胶莱河等河流，体育旅游资源具有典型的沿河集聚特点，众多民俗节庆、核心景区、赛事资源集中分布在河流水域沿岸。应全面梳理滨海地区各流域沿线体育旅游资源和文化特色，以主干河流为纽带，整合上、中、下游及其两侧腹地的景点资源，打造特色流域体育旅游轴线，提升整个线路的旅游发展水平和区域旅游品牌效应。

（4）依托航空线路的体育旅游廊道

科学布局通用航空机场、低空起降点。利用航空港的优势，建立以青岛为集散中心，以烟台、潍坊为一级航空节点，以日照、威海、滨州、东营为二级航空节点，以核心景区为依托，依据国家逐步放开低空领域的政策，加快航空飞行营地建设、航空小镇等机场服务设施建设，打造国际、国内线路相融合，高空与低空相结合的立体化航空旅游网络。

三、山东滨海体育旅游产业优化重点发展项目

（一）重点发展"仙境海岸"全域体育度假旅游项目

"仙境海岸"是依托青岛、烟台、威海、日照等城市的旅游目的地品牌，海岸线长3000多千米，地形地貌丰富多样，包括岛屿、礁石、海滩、海湾、海崖等，有着高山、森林、河流等多种生态环境，以及道教文化、养生文化、东夷文化、海洋文化等多元文化。重点发展"仙境海岸"体育度假旅游，首先，要对"仙境海岸"全域的体育旅游资源、产品、产业、服务系统等进行统一规划和科学布局，使其域内各城市、景区差异化、错位化发展，共建共享各类资源与基础设施，打造完备的产业链、服务链。其次，坚持"山海联动、魅力海岸"发展理念，基于"仙境海岸"品牌的引领，挖掘蓬莱、崂山、长岛、昆嵛山等仙道文化，根据景区特点、产业发展方向和资源条件，开发突出本地特色的体育度假旅游产品。最后，基于本地的自然风景特点，开发和展示本地独特的海洋文化，加强体育景观设计，着重提升服务品质，基于海岸、海岛、海域、山岳、乡村和民俗等，开发和完善立体化的体育旅游项目，如高尔夫、滑雪、邮轮、海钓、航空体验等，建设以中国道家体育养生、东方海洋文化体验、滨海体育休闲、滨海体育仙居度假、海洋逍遥运动为核心的"仙境海岸"体育休闲度假旅游带。

（二）统筹发展"胶东人家"全域体育乡村旅游项目

乡村振兴战略为乡村体育旅游发展创造了良好的机遇。首先，应当深入挖掘和开发山东乡村地区的山海河湖、建筑、民俗、农业等旅游资源，将传统的农业

旅游与徒步、骑行等体育项目结合，融农村休闲、民俗体验、体育健身于一体，提升服务质量，营造生态良好、乡韵淳朴、有益身心的环境，健全产业链。其次，将传统体育项目如秧歌、舞龙舞狮、高跷，现代体育项目如冲浪、徒步、蹦极、马拉松、漂流等与乡村的自然与文化资源有机结合，打造包含传统体育游戏、新兴体育项目、休闲健身、康养、劳动体验等内容的乡村体育旅游体系。再次，开展"一镇一品、一村一队、一户一案"的体育旅游活动，实施精准发展、精准扶贫、精致服务策略，开发与景区、景点、乡村特点、产业发展方向、资源禀赋相统一的乡村体育旅游产品。最后，统一规划、统一挂牌、统一标准、统一管理，依托"黄河人家""海上人家""海岛人家""温泉人家""奥运人家""仙道人家""湖上人家""森林人家""狩猎人家""风筝人家""东夷人家""航空人家""海钓人家""漂流人家""旱船人家""高跷人家"等独具特色的体育旅游小镇、体育旅游乡村、体育旅游驿站，打造具有地域自然特色、文化特色、体育特色的体育原生态乡村旅游，塑造"胶东人家"全域乡村体育旅游品牌。

（三）融合发展"健康山东"全域体育颐养旅游项目

"健康山东"全域体育旅游项目契合健康中国发展理念，以传统养生文化为核心，依托山东滨海的山地、海洋、温泉、湖泊、森林等特色生态优势资源，挖掘太极拳、八段锦、中医理疗、针灸、刮痧、道家养生术等中华传统颐养文化资源，展现了山东滨海的资源生态、产品生态、中医理疗、传统养生、传统食补、健身气功、体育诊断、体育干预、体育康复等体育健身养生功能。该项目以青岛、烟台、威海三个国家级医养结合试点城市为核心，创新体医融合、体养融合、医养融合、体旅融合等新产业、新业态的服务模式和运行机制，通过跨行业、跨地区、品牌化、规模化经营，实施科学颐养、精准医疗、医养结合、精致服务，打造体育温泉康体养生、太极康体养生、健身气功养生、中医理疗养生、逍遥休闲健身养生、森林康体养生、山地健身休闲养生、湿地生态休闲养生、道家康体养生等体育健康诊断、体育健康干预、体育伤害治疗、体育伤病康复、体育伤害干预、体育健康预防、体育健康颐养等全域颐养体育旅游品牌。

（四）蓬勃发展"儒风海韵"全域体育传统旅游项目

首先，以齐鲁文化、泰山文化、黄河文化、海洋文化、红色文化、运河文化、湖泊文化、道家文化、儒家文化、海岱文化、移民文化、兵家文化等为主体，结合各地区传统民俗节庆活动，突出元旦、春节、元宵节、清明节、端午节、中秋节等关键节庆，以庙会、山会、民俗展演、地方性节庆活动及丰富多彩的民族民间传统体育活动为基础，挖掘移民民俗、节庆民俗、仙道民俗、嫁娶民俗、海洋民俗、黄河民俗、东夷民俗等具有吸引力的地方传统民俗体育资源，借助秧歌、斗蟋蟀、风筝、高跷、跑旱船、龙舟、腰鼓等民俗体育形式，传承创新优秀传统民俗文化，打造特色民俗狂欢活动旅游产品。其次，挖掘武术文化内涵，传承、创新传统武术文化，系统整合齐鲁武术文化资源，以莱阳市螳螂拳、安丘市孙膑拳、崂山道教武术、莱州吴式太极拳等非物质文化遗产项目为依托，以烟台、潍坊、青岛为主要节点城市，打造以莱州武校、崂山道教武术、日照大青山太极研学为载体的全域武术修学体育旅游品牌，创新体育修学旅游方式，细分体育修学旅游市场，加强定制化体育修学旅游。再次，探索传统体育旅游管理模式，促进地方性节庆活动及民族民间传统体育活动与体育旅游相结合，融自然、文化、教育、健身于一体，建设游客自由体验的舞台，创意开发融合表演性、互动性、体验性、科技性于一体的新产品。最后，以莱州武术修学旅游、风筝文化体验旅游、仙道文化体验旅游、体育学术研讨旅游、道家养生修学旅游为主线，立足国内、面向国际，打造集传统体育文化展示、体育文化体验、体育文化修学、体育文化交流、传统文化衍生产品为一体的年节消费全产业链和独具山东民俗文化特色、展示中国文化精髓的系列体育修学旅游产品和修学旅游品牌，构建"儒风海韵"全域体育传统文化旅游区域联合体，建立中华体育旅游与文化融合发展区和中华传统国学研学旅游示范区等全域体育文化旅游基地。

（五）品牌发展"节事山东"全域体育赛事旅游项目

山东省地处黄河下游的冲积平原，又有广阔的海岸线，形成了独特的农耕文明和海猎文明，在农业生产和渔猎劳动的实践中，诞生了极具地方特色的民俗节日，每逢节日便会举行庆典、歌舞、体育赛事等活动。这些都是发展全域体育赛事旅游、打造品牌节事和赛事、开发多元化体育节事活动的宝贵资源，有助于促进体育旅游时间的延长和平衡。

体育赛事不同于一般的体育旅游项目，生命周期和培育周期更长，更加稀缺，能够辐射更大的范围，带来更为稳定的收入，有助于提升区域形象和知名度，打造区域旅游品牌。发展全域体育赛事旅游项目，首先，需以政府为主导，鼓励社会参与，采用市场运作方式，创新体育赛事机制，不断拓展企业等社会组织承办竞赛项目的渠道，整合各类体育赛事资源并进行创意设计，开发有特色、有自主

IP 的四季节事活动。其次，大力培养和引进体育赛事旅游相关的专业人才，培育专业的体育赛事服务机构，积极承办形式多样的、国际化的节事、赛事，丰富节事参与形式，构建专业竞赛组织，推动节事运营市场化。再次，优先发展潍坊风筝节、青岛国际帆船周、田横祭海节等已经有一定知名度的品牌节事、赛事，打造与区域的季节、发展水平、功能、自然生态环境、文化、生活等相适应、相融合的，特色鲜明、知名度高、参与性强、受群众喜爱的，产业化、专业化、常态化、国际化的品牌体育节事赛事。最后，推动体育赛事与旅游、传媒、培训等行业有机融合，提升山东全域体育赛事旅游的影响力和吸引力，构建具有山东特色文化内涵和国际影响力的品牌体育节事、赛事产业集群。

（六）助力发展"冰雪山东"全域体育冰雪旅游项目

山东省经济发展水平较高，区域位置和地理环境优越，有丰富的山地资源。正逢中国冰雪战略机遇期，应当积极发挥这些优势，因地制宜，室内外同步，发展和丰富冰雪旅游产业业态。首先，基于区位交通条件、冰雪水平、自然环境资源、经济实力等情况，合理规划和建设冰雪运动场地设施，加快开发冰雪资源。其次，引导社会力量建设冰雪运动场地，丰富冰雪运动场地类型，扩大冰雪场地供给，优化冰雪场地类型结构，提高场地设施质量。再次，开发以冰雪修学、冰雪节庆、冰雪赛事、山地滑雪、冰雪民俗体验、花样滑冰、冰壶体验、冰球赛事、冰雕、雪地高尔夫、冰雪温泉养生休闲为主的全域冰雪体育旅游项目和品牌；开发狗拉雪橇、爬犁冰车、冰陀螺、冰上龙舟、冰球、转龙射球、滑爬犁、冰雪捕鱼、冬捕节、冬日海钓等传统民俗冰雪体验旅游项目。最后，建设一批融滑雪、登山、徒步、露营、捕鱼、狩猎、自驾、民俗、节庆、温泉等多种健身休闲运动为一体的复合型冰雪体育旅游度假区、冰雪体育旅游小镇、冰雪特色乡村、冰雪垂钓基地、冰雪旅游基地和冰雪运动中心。

（七）培育发展"环赛山东"全域体育环赛旅游项目

首先，发挥山东港口码头串联、海洋牧场星布、交通体系完善、景区景点集聚、体育项目多元的优势，打造不同级别的环赛。高端比赛重视竞技水平，具有国际知名度和影响力；大众比赛推行全民参与，接地气并具有区域影响力。通过细分市场、创新设计、精准营销，提高环赛的旅游产品品质。其次，将山东拥有滨海风光、山水景色、岛礁地貌、齐鲁文化、风土民俗、饮食文化等优质资源的区域有机融合，发挥青岛的核心极化作用，以日照、烟台、威海、潍坊、东营、滨州为关键节点城市，聚力海滨山岳体育旅游资源整体开发，联合打造体育休闲旅游景区。再次，以"旅游用项目串""体育用赛事串""地方用特色串""部门用优势串"为发展原则，致力开发"赛前适应＋赛中竞技＋赛后旅游"的山东环赛体育旅游产品，形成"一日比赛，多日停留；一人参赛，多人旅游；单人竞赛，多人消费"的体育旅游模式。最后，系统规划、统筹发展、特色培育区域体育比赛项目，打造具有浓郁山东风情的"环山东自行车赛""环山东马拉松系列赛""环山东龙舟系列赛""环山东摩托车系列赛""环山东汽车拉力赛""环山东帆船赛""环山东海钓赛"等不同形式的"大环赛"。将整个环赛活动纳入市场营销和规划，形成全域体育自驾、自助、自主的系列赛事产品合力，打造"环赛山东"系列全域体育环赛旅游品牌。

（八）特色发展"露营山东"全域体育自助旅游项目

一是充分利用海岸、河湖、湿地、山林等自然资源，基于景区、公园、体育运动场所等设施，建设和完善自驾游、露营、徒步、骑行等服务体系。二是合理制定统一的露营地建设标准，建设布局合理、服务完善的露营场地。三是推动房车、自行车等体育自助旅游用车经营的专业化、品牌化和多元化发展，大力支持和鼓励相关企业如汽车租赁企业、自驾游俱乐部、营地类企业灵活合作、连锁经营，完善体育自助旅游产业链条。四是重点规划和建设体育自助旅游目的地、线路和露营地，以高速公路、河道海路、旅游干道为纽带，以地区风景道、城市绿道、健身步道、河流为廊道，以景区景点、赛事节事、岛礁体验区、户外运动区、山水生态区、航空飞行区、乡村旅游区、休闲农业区等为依托，串点成线、串珠成链、串链成网，构建自驾车、旅居车旅游网络体系。五是加强露营地的基础服务功能建设，为游客提供优质的医护、交通、娱乐、补给、信息等服务，引导和支持营地周边开发和经营徒步、垂钓、航空、马术、登山等户外运动项目。六是加速建设和完善自驾游呼叫中心、紧急救援队伍和紧急救援基地，构建具有自驾游客流统计、监测和预警等多元功能的智慧管理系统，及时为游客提供信息、发出预警，辅助游客选择合适的旅游目的地，增强政府部门对安全风险的预测和控制能力。七是基于自然地貌和环境条件，灵活组合各种与露营地条件相适应的特色体育旅游资源，打造景观优美、富有地域特色和文化特色、多样化的自助体育旅游产品。

（九）规范发展"逍遥山东"全域体育新兴旅游项目

户外新兴体育旅游项目通过挖掘参与者的自我潜能，激发他们挑战自我、超越自我的勇敢品质和冒险精神，带来挑战极限后的愉悦感和成就感，被世界各国誉为"未来体育运动"。极限运动的项目涉及海、陆、空多维空间，具有融入自然（自然环境、生态、健康）和挑战自我（积极、勇敢、愉悦、刺激）的"天人合一"的特性。强烈的体验性使户外运动具有一定的安全隐患，应规范户外运动，完善保障机制，加强对户外运动的监督与评价。创意新兴体育项目，多元发展体育旅游项目，要将蹦极、瑜伽、高尔夫、滑翔、漂流、山地越野、极限冲浪等新兴体育项目与旅游有机结合，创意发展海滩马拉松、邮轮瑜伽修学、雪地高尔夫、峡谷漂流、风筝冲浪等新兴体育旅游项目，创意组合"水上飞机＋游艇""高尔夫＋温泉养生""直升机＋游艇邮轮""航空体验＋滑雪""航空飞行＋风筝冲浪""登山＋翼装飞行""温泉＋体育健康干预""露营＋自行车骑行"等新兴体育旅游项目。通过着力打造具有国际知名度的"逍遥山东"新兴户外体育旅游体验区，促进体育与旅游、文化的深度融合发展。

四、山东滨海体育旅游发展模式优化

（一）山东滨海体育旅游开发与管理模式

如今已经进入了大旅游时代，要构建相应的"大市场""大管理"观念。但是，目前体育旅游管理仍采取传统的"条块分割"和"地域分割"模式，导致山东滨海全域不同政府部门、不同城市的旅游管理部门之间难以有效地沟通协调、联动管理，尤其是难以妥善解决跨部门和跨城市的管理问题。为了改善这一现状，一方面，应当积极构建无障碍滨海体育旅游区，大力发展营养游、品质游，以适应大旅游时代的"大市场"需求；另一方面，还应当积极构建跨部门的高层决策机构，设置统筹管理委员会，对体育、旅游、交通、税收等部门进行统一管理，构建各城市之间、各部门之间有效对接、协同合作的网络，使得相关部门相互协调、积极参与体育旅游发展，完善资源配置，构建扁平化、网格化的新型管理模式。

1. 山东滨海全域体育旅游开发与管理框架

政府应梳理和明确各部门的权力与责任，合理发挥政府对市场的引导、规范和管理作用，还应当制定明确的市场管理制度，规范企业的经营行为，促进政府管理透明化、政策引导战略化、企业运作责任化，合理利用政府管理和市场调控方式，构建新型滨海体育旅游管理框架。

可成立由山东滨海全域体育旅游指导委员会、管理委员会和服务支持委员会组成的山东滨海全域体育旅游统筹委员会，它是山东滨海地区体育旅游的最高决策和综合协调机构。首先，滨海全域体育旅游指导委员会成员主要是体育、文化、旅游、海洋等相关专业的专家，主要任务是根据全球旅游业的发展趋势及竞争对手的发展举措，对滨海体育旅游市场进行广泛的研究和分析，科学制定滨海体育旅游产品开发、产品营销和市场推广策略，为山东滨海全域体育旅游发展提供科学决策支持。其次，山东滨海全域体育旅游管理委员会由政府相关机构、滨海体育旅游行业协会和滨海体育旅游消费者协会构成，下设体育、旅游、海洋、文化、卫生、环保、渔业、商业、林业等相关行政职能部门，领导并实施重大体育赛事、体育旅游项目的评估与开发，协调滨海体育旅游的规划编制、标准制定、市场监管、对外促销，协调建设、开发、保护、管理部门的权、责、利关系，对发展中的重大事项进行决策和监督。其中，滨海体育旅游行业协会由各地市体育旅游发展公司构成。最后，山东滨海全域体育旅游服务支持委员会由环保、通信、交通、文化、税收等相关部门构成，协调各部门利益和权益，规范自身工作，充分发挥在政府与企业、企业与企业、企业与其他行业间的桥梁和纽带作用，形成有利于体育旅游行业发展和行业自律的体制。

2. 山东滨海全域体育旅游开发与管理流程

山东滨海全域体育旅游开发与管理流程是由项目规划、执行计划、项目检查、结果处理四个流程组成的闭合开发管理流程。

首先，项目规划是指制定山东滨海全域体育旅游区的产业发展规划、项目建设规划、资源保护规划等，综合考虑各地市区位条件、资源禀赋和城市规划，安排审批旅游项目。通过落实财政、金融、税费、用地等方面的扶持政策，鼓励社会力量投资体育旅游，构建多元化体育旅游产业投资体系，形成多种所有制共同发展的体育旅游产业格局。加强战略性山东滨海全域体育旅游区域协作，规划旅游业整体发展方向，协调部门及行业实施重大项目，完善滨海体育旅游支撑服务体系，共同推进旅游业发展。创意滨海体育旅游产品，由点到线、由线到面，完善滨海体育旅游产品结构体系，构建特色滨海体育旅游区。

其次，执行计划是指科学执行山东滨海全域体育旅游项目规划。针对滨海地区体育旅游系统规划，实施开发方案，落实滨海体育旅游产业项目开发，在科学精准定位市场和消费主体的基础上，实施体育旅游项目的捆绑营销。贯彻、执行、建立、完善新滨海全域体育旅游国家标准和行业标准：一是健全体育旅游产业统计制度，建立体育旅游产业统计核算体系，完善体育旅游产业统计来源，提高体育旅游产业标准化水平；二是完善山东滨海全域体育旅游产业标准，制定体育产业基地、体育休闲基地、体育旅游示范区、体育旅游景区、体育旅游小镇、体育旅游乡村、体育旅游线路等的评定标准并开展评定工作；三是加强高危险性体育项目和新兴体育旅游项目的管理工作，建立和完善高危和新兴体育旅游项目服务规范体系和监督评价体系；四是结合体育旅游特点，推进职业技能鉴定和认证制度，建立体育旅游行业等级评价体系，提升职业技能培训质量；五是建立体育旅游产业设施评价标准，制定体育旅游产业准入制度和监督管理制度。

再次，项目检查主要是山东滨海体育旅游管理委员会通过对滨海体育旅游企业、当地居民、滨海体育旅游者和相关行业进行调研，对滨海体育旅游各项流程任务的执行进行监督检查，对滨海体育旅游的经济效益、文化效益、社会效益、生态效益、体育效益进行评估整合，对其完成情况进行科学评价。

最后，结果处理是对滨海体育旅游检查中不合格的项目进行修正反馈，将评价结果反馈到项目规划组，以此形成闭合的开发管理系统。

（二）山东滨海体育旅游开发与管理路线

首先，优先发展核心景区，以核心景区为龙头，充分发挥其辐射带动作用，同时将旅游产业与体育产业有机融合，从核心景区入手，激活其中的体育要素，提升体育部门的地位与话语权，深度挖掘和开发体育旅游资源，设计多样化的特色体育旅游项目，不断创新和拓展体育旅游产品体系，建设富有地方特色的体育旅游综合体。其次，加强体育旅游设施及配套设施建设，优化各类设施的布局，增加体育旅游在景区的占比。最后，通过发展核心景区的体育旅游，促进体育旅游与餐饮、交通、住宿等相关产业的融合，不断完善体育旅游服务体系，构建各部门共建、共管、共抓的协同机制，加快景区、城乡一体化发展，以核心景区的体育旅游发展带动附近区域的整体发展。接下来以青岛崂山区为例进行具体阐述。

青岛崂山区是国务院审定公布的"首批国家全域旅游示范区"，历史文化底蕴深厚，旅游资源丰富多样，公共服务设施、旅游设施完备。首先，崂山区以崂山风景名胜区和石老人国家旅游度假区为龙头，发挥品牌效应，利用流量优势，灵活地将体育与旅游融合，拓展了旅游产品体系，创新开发出风筝冲浪、山岳徒步、自驾露营、体育康复、太极修学等体育旅游项目，并将其融入"海上名山、道教圣地、度假天地"的品牌形象塑造之中。其次，依托青岛极地海洋公园、青岛海滨雕塑园、石老人海水浴场、国信体育中心、青岛大剧院、青岛市博物馆、青岛国际会展中心、青岛国际啤酒城等精品项目、重要城市特色景观，开展城市骑行、城市马拉松、体育商展、精品赛事等融城市特色、城市景观于一体的城市体育旅游项目。再次，注重特色节会培育，发挥节日集聚效应，以青岛国际啤酒节为龙头，以北宅樱桃节、北宅采摘节、枯桃花卉节、沙子口休闲游、崂山茶节为时间节点，挖掘崂山民间故事、崂山道教音乐、螳拳、崂山道教武术等民俗传统体育文化内涵，丰富四季体育旅游项目，大力发展民俗体育体验、传统体育修学、山岳自驾露营、航空飞行体验、乡间骑行采摘、海上人家垂钓等田园乡村、海岛渔村、山野人家等体育休闲旅游项目。最后，依托山岳、滨海、湖泊等优势自然资源，以天泰滑雪场、石老人国际高尔夫球场为基础，开展滑雪、高尔夫、体育疗养、康体修学等体育休闲度假项目。

五、山东滨海体育旅游产业优化保障机制

（一）革新管理理念，建立工作协调机制

首先，积极学习落实国务院《关于推进文化创意和设计服务与相关产业融合发展的若干意见》，并以此为指导，革新管理理念，梳理和优化体育旅游管理体制，创新和完善运行机制，合理分工，明确各部门的权责界限，改进工作协调机制，加强责任认定与追究，杜绝管理缺位、越位和职能交叉、管理混乱等问题，构建"创新、法治、责任、阳光"四位一体的新型体育旅游管理机制，打造服务型政府。其次，组建政府引导，体育、旅游、交通等相关部门统一规划、协同联动的管理机制，整合相关部门管理职能，打破部门壁垒，对大型体育旅游活动从资源整合到功能协调等一系列问题进行统筹协调，推动体育旅游产业各方面多规合一、齐头并进，探索体育旅游产业发展的新思路。最后，加强和优化社会监督机制，为公众参与提供更广阔的平台，鼓励社会组织积极参与山东体育旅游产业规划，为山东体育旅游产业良好发展提供有力的体制机制保障。

（二）完善金融体系，加大政策支持力度

发展全域体育旅游是一项系统化工程，从项目规划、资源开发到场馆设施建设，再到信息系统和公共服务设施建设的整个过程都需要大量的资金支持，这些资金不能完全依靠政府财政，还要利用金融机构和社会力量，不断构建完善的金融体系。政府要积极发挥引导作用，提供税收优惠、土地和海域空间资源使用等有力的政策支持，并且引导和鼓励其他社会主体参与，构建全社会共建、共享的体育旅游发展模式。

首先，政府应当加强财政支持，加强相关基础设施建设，加强创新创意扶持，为特色体育旅游项目开发提供充足资金，培育自主体育旅游品牌。

其次，政府应当优化税收政策体系，抓住全民健身战略给体育旅游产业发展带来的机遇，梳理相关的税收政策，结合体育旅游产业的社会服务特性，量身定制税收优惠，处罚对有关企业乱收费的行为，进一步改进和切实执行相关企业的行政事业性收费优惠政策。

再次，政府应当积极与金融机构合作共建。一是灵活组合财政手段和金融手段，针对体育旅游特点开发新型金融产品，创新投融资模式。二是充分发挥政府引导基金的带动和放大作用，尤其针对体育场馆、基础设施等建设，要改进和创新投融资模式，促进投资主体由政府为主转向多元化的社会地位。

最后，鼓励社会力量积极参与体育旅游领域，鼓励体育旅游企业、民间资本与政府进行合作。一是既重视国内体育旅游企业挖潜，也注重引入国际资本通过资本多元化来参与体育旅游公共基础设施建设、重大体育旅游项目开发、大型体育赛事承办和体育旅游项目规划经营。二是鼓励旅行社、体育旅游企业参与政府采购和服务外包，引导和鼓励社会资本以独资、合资、合作、联营、参股、特许经营等方式参与体育旅游开发与经营。三是融合信息化和大数据优势，支持开展体育旅游一卡通、预付卡、微支付等金融创新业务，集成健身、门票餐饮、住宿、交通、卫生、金融等多种服务，提供一体化体育旅游金融服务解决方案。四是鼓励金融机构对体育旅游企业给予信贷支持，引导金融机构加大对体育旅游企业和体育旅游项目的融资支持，实现资金来源多元化、服务品质便捷化、服务方式多元化、服务范围全域化的体育旅游发展目标。

（三）加强人才培养，建立人才服务体系

首先，注重体育旅游职业建设。一是以人才机制、人才环境和人才资源能力

建设为基础,以高层次人才和急需紧缺人才的开发为重点,以提升体育旅游行业队伍素质为实效,抓好培养、吸引和使用人才三个环节。二是重点发展体育旅游规划设计、体育旅游类企业管理与咨询服务、体育旅游营销与推广、体育旅游项目创意与策划、智慧旅游建设、体育旅游人才教育与培训等旅游服务业态,建设一支高素质、专业化、国际化的滨海体育旅游人才队伍。

其次,完善滨海体育旅游教育梯队培养,强化体育旅游人才培养与培训工作。一是注重人才培养多元化,加强滨海地区与旅游院校、体育院校、企业之间的学科建设与相互合作,注重体育旅游人才"走出去,请进来"。二是优化体育旅游专业设置,深化专业教学改革,走全社会开放的旅游教育培训之路,建立滨海体育旅游人才培训基地,完善滨海体育旅游人才培养体系,加大体育旅游职业教育培训力度,注重国外体育旅游成熟教育体系的吸收与创新。三是加强对体育旅游规划、体育旅游创意、体育市场营销、体育电子商务、体育赛事管理、体育修学、体育商务、体育医疗、体育专业技能、体育赛事活动创意等人才的培养,推进体旅结合、体医结合、产教结合、校企合作,打造多层次、多类型、多模式的体育旅游人才培训体系。

最后,创新人才管理与服务机制。一是充分开发国内外人才资源,采取"引进来"和"送出去"等方式,加强体育旅游产业人才的国际化培养,加强国内外交流与合作,支持和鼓励体育旅游人才的引进、培养和奖励。二是鼓励和支持体育旅游创业型领军人才、高级人才、经营管理人才、高技能人才到政府管理部门、体育旅游企业和体育旅游相关服务部门工作,加快培育、引进一支通旅游、精体育,懂市场、善管理,懂营销、会运作的专业化、职业化、精细化、国际化的复合型体育旅游人才队伍。

(四)健全法律法规,保障安全有序发展

首先,推进带薪休假制度有效落实,优化休假安排,激发旅游消费需求。一是积极落实国务院办公厅《关于进一步促进旅游投资和消费的若干意见》,地方政府应当综合考虑本地的气候、环境、节日、特色活动等因素,制定薪休假制度细则和实施方案,并推进和监督其落实情况。二是鼓励企业实行弹性作息和错峰休假方法,从而避免节假日交通堵塞、景区人员拥挤等问题,提升旅游体验,唤起群众的消费热情,促进旅游消费。例如,东北地区冬天极为寒冷,地方政府可以鼓励企业实行小寒假式带薪休假方法,这样东北地区的游客可以到南方温暖地区游玩；海南、广东等地区夏天酷暑难耐，地方政府可以鼓励企业弹性休假，这样海南、广东的游客可以到山东游玩，体验齐鲁文化。

其次，改进和健全体育旅游服务标准，加强供给侧改革。一是制定统一的自驾游房车营地建设标准，推进营地及服务体系建设，进一步强化景区、旅游小镇等的建设与评价，尤其是基础设施服务建设方面。二是加速构建、改进和健全体育旅游相关法律法规体系，尤其要关注法规的实际可操作性，从而对体育旅游项目的安全性进行有效监督与管控，建立、健全漂流、滑翔、蹦极、登山等户外运动项目的安全规范。三是健全综合体育旅游监督机制，加强旅游安全风险监管，严格执行安全标准，完善安全设施检查，注重安全隐患防控，加强安全风险预警，落实安全责任到位，避免体育旅游事故发生。四是建立滨海体育旅游安全预警体系和紧急救援体系，完善应急处置机制和医疗救治体系，有效减少和避免滨海体育旅游者的安全风险、伤害事故和各种突发公共事件，保护旅游者的安全和合法权益。

最后，深入开展体育旅游市场综合整治，加强旅游市场综合执法。一是加强市场诚信建设，积极营造诚实守信的消费环境，确保体育旅游者的合法权益。二是规范各类景区门票价格，完善住宿、餐饮、交通等基础服务，依法打击损害游客权益、扰乱市场的行为。三是完善违法信息共享机制，建立社会诚信体系，引导滨海体育旅游者健康旅游、文明旅游、安全旅游，严格执行原国家旅游局《关于旅游不文明行为记录管理暂行办法》，建立游客黑名单，减少不文明旅游行为的发生。

（五）制定评价体系，注重体育旅游绩效

一是坚持科学发展观、系统观，科学合理地制定全面、客观、准确、可靠的体育旅游发展评价体系，促进体育旅游绩效提升。二是积极借助大数据技术，综合考虑体育旅游的特征和发展方向，全面统计和深入分析体育旅游发展数据，构建系统合理的评价指标体系。三是充分结合山东滨海全域体育旅游的各项资源禀赋特点，全面评价体育旅游发展在经济、生态、文化、社会、健康等层面的效益，立足整体，统筹把握供给侧、需求侧，不断摸索与山东滨海实际情况和体育旅游特点相适应的体育旅游绩效评价体系。通过上述做法，全面客观地反映山东体育旅游资源的分布与开发情况，抓住资源特色，找准发展方向，为科学的战略决策提供依据，促进山东滨海全域体育旅游产业可持续发展。

六、山东滨海体育旅游空间优化策略

（一）科学规划，优化山东滨海体育旅游空间结构

优化山东滨海体育旅游空间结构，推动山东滨海全域体育旅游良性发展，首要的就是进行科学的区域总体规划。应当树立大旅游、大体育、大产业观念，从大局出发，认识到"规划是为了更好地投资，投资是为了更好地运营"，高瞻远瞩地、富有战略性眼光地进行滨海体育旅游发展规划，激活资源方面的潜在优势，将之打造成体育旅游发展的长远动力。目前，山东滨海体育旅游发展失衡，很大程度上是因为在规划时没有站在全域的层面思考，没有对区域功能进行合理布局，没有有效整合与合理利用体育旅游资源，没有优化体育旅游产品结构。所以，应当首先进行滨海体育旅游功能区域规划，全面考虑滨海全域的地理位置、自然环境、体育旅游要素禀赋、经济发展水平与环境、历史文化、体育旅游发展情况、客源市场等，摆脱行政区划的惯性思维，从全域的视角科学地划分体育旅游空间区块，调整和改进体育旅游产品，使各区块突出各自的特色，明确不同的定位，共享资源，优势互补，形成良性互动、共同发展的有机整体，建设多元化的体育旅游品牌，避免各区块、景区、项目之间缺乏配合、同质竞争，从而解决山东滨海体育旅游发展失衡、缺乏竞争力、旅游产品质量低等问题。总之，应当增强大局意识，统筹全局，构建"一核、一链、四廊、多点支撑"的全域体育旅游空间布局，建设特色鲜明、功能多样的立体化全域体育旅游空间体系。

（二）品牌塑造，提升山东滨海体育旅游产品品质

山东体育旅游发展要坚持品牌战略，通过打造体育旅游品牌，提升山东滨海体育旅游产品品质，扩大知名度，从而吸引更多的游客到此旅游消费。塑造体育旅游品牌的一大关键在于定位，必须基于地方的体育旅游资源与文化，既要突出地域特色，又要考虑游客需求，注重品牌的多元化、复合化。例如，墨西哥坎昆旅游度假区深度开发和利用当地独特的玛雅文化与滨海旅游资源，推出了多种现代体育项目，充分融合了古老文明与现代休闲，从而打造出具有本地特色的"玛雅世界"旅游品牌。

第一，深挖体育文化内涵，塑造品牌形象。山东滨海体育旅游品牌塑造要服从于"好客山东"品牌，契合于"文化圣地、度假天堂"的区域旅游形象，采取"动感齐鲁，逍遥山东"这一营销口号，在此基础上深度挖掘区域体育文化内涵，突

出山东滨海特色，并且放眼于国际市场，从而塑造出特色鲜明、富有国际竞争力和影响力的复合体育旅游品牌。根据青岛、潍坊、日照、烟台、威海等节点性滨海旅游城市的特色，打造"帆船之都""世界风筝都""水上运动之都""仙境海岸"等系列城市品牌形象群，全面提升城市体育旅游知名度和影响力，形成复合体育旅游品牌。首先，打造以祭海、武术、秧歌、海洋节等为代表的民俗传统体育文化旅游品牌；以海洋牧场、高尔夫、滑雪为代表的户外休闲体育旅游品牌；以青岛石老人旅游度假区为代表的体育休闲度假旅游品牌；以保健养生、体育医疗为代表的体育康体旅游品牌；以莱州武校为代表的体育修学旅游品牌。其次，依托黄河人家、胶东渔家、岛上人家、崂山人家、风筝人家、仙境人家、温泉人家、湖上船家、武术人家、高尔夫人家等特色街区、乡村建设，融合武术修学、垂钓、露营、自驾、滑雪、体育康复等体育手段，构建特色乡村体育之家。再次，全面整合与合理配置全域体育旅游要素，突出空间差异和时间差异，不仅要确保处处有景、时时有景，还要确保处处景不同、时时景不同，使每个区域、每个季节都有独特的体育旅游项目，形成多元化、系统化、差异化的全域体育旅游产品体系，给游客带来全旅程、全方位的旅游体验，并基于丰富多样的体育旅游产品，进行品牌建设，构建高品质的体育旅游目的地。最后，不断延续体育旅游品牌的生命力，提升其吸引力和竞争力，以此辐射带动其他相关产业共同发展，从而促进全域体育旅游与整体经济的可持续发展。

第二，借力赛事，扩大品牌影响力。一方面，大型赛事凭借其特有的影响力能够催生和吸引大量旅游者，起到拓展旅游空间、优化旅游结构的作用。另一方面，持续性、周期性的大型体育赛事使得旅游空间的影响力加大，集聚效应增强，并成为全民狂欢的节日。例如，黄河口（东营）国际马拉松赛将城市景观、黄河湿地景观、石油景观与赛事有机结合起来，自2008年举办以来，赛事规模逐年扩大，影响力日益增强，2023年，该赛事就吸引了来自14个国家和地区的30112名参赛者参加。

第三，创意赛事，培育IP。山东应科学选择体育赛事，制定赛事发展战略规划，通过创意创新，打造具有地域特色与高端品质的体育旅游品牌赛事，通过长期、不断地实施旅游品牌的组合战略，打造经典、持久、大众喜爱、互动性强、参与度高、具有自主IP的体育赛事旅游品牌，形成以"潍坊风筝节""青岛国际帆船周""日照海滨山岳行"等为代表的体育赛事旅游品牌。

(三）业态融合，延展山东滨海体育旅游产业链条

当前中国进入全面建设社会主义现代化国家的新发展阶段，稳增长、促改革、调结构、惠民生作用持续增强。社会经济发展呈现出服务驱动、消费升级、品质提升、消费引领的新特征。积极培育体育、文化、旅游、教育、养老、健康等生活性服务业新业态，转变发展方式、拉动经济增长、扩大消费需求，提升生活性服务业效益，已成为培育中长期经济发展新动力和经济增长点的重要路径。体育旅游作为体育产业与旅游产业的有机融合，关联度指数最高，是一种体验性、消费性、关联性、时尚性很强的旅游业态。

首先，注重业态融合。以行业转型升级、项目提质增效为主线，以精品体育旅游项目建设为抓手，满足多样化、多层次的体育旅游消费需求，推动体育旅游产品向养生康体、休闲度假、运动体验、赛事观赏、户外拓展、商展修学等高端体育旅游方式转变。打造一批精品体育旅游线路、特色体育旅游综合体、特色体育旅游小镇、汽车露营地、体育养生康体度假区、体育产业园体验旅游区、体育运动休闲度假区，形成新的体育旅游增长点。

其次，加强部门合作，深化融合发展。将体育与文化、医疗、地产、演艺、商务、教育有机融合起来，培育体育竞赛观赏演艺、体育商务会展旅游、体育教育培训旅游、体育养生养老旅游、体育医疗干预旅游、体育民俗节气旅游等新型体育旅游业态，以及山岳拓展训练、户外汽车露营、航空运动体验、邮轮游艇休闲等新兴户外产品。

最后，注重产品融合。以体育赛事旅游为例，组织与承办体育赛事，应主动与城市旅游、文化营销相融合，统筹体育赛事与演艺、娱乐、文化、美食、商展等大型活动的引进、培育、创新、资源整合等协调、管理问题，使体育活动、美食节、酒店、演艺门票、景区门票等活动实现有机串联，既注意体育旅游节事的品质建设，也注重节事期间的娱乐、休闲、演艺、餐饮、商展等相关活动的开展，打造"体育运动狂欢节"和"体育节事、赛事嘉年华"产业链条。例如，2014年，青岛国际帆船周联合青岛国际海洋节，以"帆船之都·助推城市蓝色跨越"为主题，举办了海上巡游嘉年华活动。围绕国际帆船赛事、奥帆文化交流两大板块，开展"市长杯"大帆船绕岛赛、青岛国际OP帆船赛和国际帆船赛三大赛事。同时，实现与世园会、国际时装节、啤酒节的融合联动，开展了一场融帆船运动、海洋文化旅游、海洋经济于一体的夏日盛会，诠释了青岛夏日"动感之都"的称号。

（四）提质扩容，优化山东滨海体育旅游产品空间

按照"立足城市、做强岸线，依托海滨、海陆统筹、创新发展、业态融合"的思路优化空间布局。以转型升级、提质增效为主线，实现体育旅游产品结构升级、产业结构升级、空间结构升级，打造全域滨海体育旅游产品空间。

第一，拓展滨海体育旅游地理空间，扩大承载量。提升沙滩、近海区等体育空间利用情况，加强对滨海海底、滨海腹地、空中、岛礁等滨海体育旅游空间广度的拓展，创新与发展航空、山岳运动，注重游客体验，打造风筝冲浪、远洋垂钓、海底潜水、邮轮度假、海岛生存等新兴滨海体育旅游项目，构建海、陆、空统筹的立体化滨海全域体育旅游体验空间。

第二，拓展滨海体育旅游时间空间，提升体育旅游品质。挖掘山东文化内涵与资源特色，加强体育休闲、体育赛事、体育节事、体育医疗、体育商展、民俗体育、体育会议等特色旅游整合创新，减轻由气候、地理环境等因素所引起的淡旺季压力。例如，依托"好客山东"文化旅游品牌，将节日体育作为体育旅游产品的核心，创新创意"仁义山东"主题体育旅游活动，突出民间体育习俗、体育节庆、民族体育等特色，主要包括以下四个方面：一是发展以崂山狮峰观日、日照万平口观日为主题的健步祈福迎新体育旅游项目；二是打造以潍坊风筝、道家武术修学、田横岛祭祀、滨州鼓子秧歌、崂山跑旱船、胶州海阳秧歌为代表的民俗体验型体育旅游项目；三是打造以温泉养生、道家养生、太极养生为代表的康体疗养体育旅游项目；四是发展以滑雪、雪地高尔夫、冰上运动为主的冬季冰雪体育旅游项目，使年节时间更长、生活方式更健康、民俗体育文化更浓郁、体育消费更旺盛。

第三，创新体育旅游空间组合，优化体育旅游产品。实现休闲度假、体育赛事、海钓体验、养生康体、运动体验、健身塑形等滨海特色体育旅游产品的有机结合，构建海、陆、空三者统筹的滨海体育旅游特色产品体系。例如，威海的"温泉康体+银滩度假休闲+刘公岛海钓"等生态体育旅游产品组合；潍坊的"民俗体育体验+渔家祭海仪式+风筝放飞"等民俗体育旅游产品组合；烟台的"长岛探险+海阳养生康体+南山高尔夫"等都市高端体育旅游产品组合；青岛的"崂山道家武术修学+奥帆赛基地帆船体验+天泰滑雪"等休闲体育旅游产品组合；日照的"五莲山徒步登山+帆船帆板体验+森林公园自行车生态骑行"等多元化体育旅游产品组合。通过体育旅游产品空间的优化，形成不同区域、不同特色、

不同空间的体育旅游产品组合，打造海、陆、空立体化全域体育旅游产品空间体系。

（五）智慧发展，完善山东滨海体育旅游网络体系

文化和旅游部于 2022 年的"5·19 中国旅游日"组织开展了"千号联动"自媒体推广、"万名导游带您云旅游"直播推广、"百万旅游人"网络推广、"亿万祝福"短信推广活动，体现出信息技术已经在旅游产业得到广泛应用，并且在创新旅游业态、创新旅游管理、创新旅游服务等方面显示出巨大的潜力，有助于推动体育旅游的智慧发展，让更多民众可以"云旅游""云参观"，有助于监测相关网络舆情，科学预测体育旅游发展趋势。如今，在线旅游已经不再是陌生事物，中国在线旅游市场近年来高速发展。在信息技术的快速发展及其与体育旅游产业的有机融合之下，传统体育旅游已经转化为互联网体育旅游。发展山东滨海体育旅游必须基于大数据技术构建互联网体育旅游空间，依靠数字技术、智能技术等科学评估体育旅游消费结构，预测消费趋势，并针对多元化消费需求，加快供给侧改革。

第一，要进一步挖掘和分析体育旅游大数据，依托先进技术构建集服务平台、管理平台、营销平台等为一体的大数据中心，实现对相关舆情的有效监测，及时对意外和风险发出预警，以及妥善处理游客反馈。大数据中心还应包括各类旅游信息板块，如体育旅游咨询系统、游客信息系统、游客消费结构系统、旅游目的地经营系统、电子政务系统、交通服务信息系统等，有效获取体育旅游相关要素的信息，以便及时调整和改进决策、优化产品和服务，建设智慧滨海体育旅游空间。

第二，重视和加快实施"互联网+"战略。推动体育与旅游、服务、养生、文化等的深入结合，加快业态融合，构建线上线下联动、业态交融协同的"互联网+体育旅游"空间体系，促进体育旅游空间的智慧化。首先，政府应当重视体育旅游的智慧化发展，及时收集、整合、分析体育旅游的各项信息，科学预测和控制不良因素，构建政府旅游管理智能化信息平台。其次，体育旅游企业应当利用大数据挖掘技术，从游客信息中分析、挖掘出他们的消费特征、空间行为、消费趋势，基于这些数据信息科学合理地对体育旅游发展规模和趋势进行预测，有针对性地开发体育旅游资源，将之转变为受市场欢迎的体育旅游产品，构建体育旅游智慧营销平台。最后，关注游客体验和消费需求，为其提供智慧服务，创造便捷、独特的旅游体验，完善与整合体育旅游网络营销、在线体验、网上预订、网上支付等功能，以便为游客提供一站式服务、私人定制式旅游产品和个性化体验，满足游客的多元需求和多层次需求，实现体育旅游供给侧结构性改革，促进体育旅游资源及社会资源的共享化、系统化、集约化。

第三，山东旅游业已迈向大众化、散客化、高客制化的个性化旅游时代。个性化的体育旅游者对于产品的设计和需求有着独到体验和见解，其参与到旅游供给的各个环节之中，尤其是旅游商品设计生产环节，既成为体育旅游产品的创造者，也成为体育旅游产品的体验者和消费者，给体育旅游企业更直观地提供了发现新市场的机会。建立智慧旅游平台，为"体育旅游DIY"和"体育旅游定制"提供服务保障，引导体育旅游者切实感知体育旅游目的地，并在选择体育旅游目的地时做到实时性、权变性出游，合理分化景区淡旺季，实现季节平衡，以游客满意度的提升促进山东体育旅游产业的健康发展。

（六）注重服务，提升山东滨海体育旅游服务水平

与其他专项旅游相比，体育旅游服务既要满足游客的吃、住、行、游、购、娱需求，还需要在旅游过程中提供体育参与的规范、安全、专业及科学的高品质体育专项服务，如安全出行、科学健身、快旅慢游、个性化的精细服务等，这些已成为树立体育旅游品牌形象、提升综合效益的关键因素。山东应践行"游客为本，服务至诚"的旅游服务核心价值，响应全民健身国家战略，通过完善公共服务设施，提升生态环境质量，优化社会文化环境，提高服务质量，满足日益增长的大众化、社会化、自主化、全民化的体育旅游发展需要。一是完善体育场馆设施。结合区域体育资源特色、体育发展水平、经济文化水平、客源结构和消费结构，科学布局体育场馆设施、体育赛事项目和体育休闲区域。二是完善体育旅游基础设施。完善以"厕所革命"为引领的交通服务、酒店餐饮、乡舍民居、购物娱乐、健身养生、医疗通信等基础设施建设，合理规划布局体育旅游综合体、体育旅游咨询中心、体育旅游标识、体育旅游营地、体育旅游驿站、航空飞行营地、船艇码头等体育旅游基础设施建设。三是完善旅游交通体系。构建以铁路、高速公路、航空、邮轮、客轮为核心的海、陆、空一体化旅游交通网络体系。四是建立公共服务一体化系统。逐步建成由体育旅游信息服务系统、体育旅游消费者权益保护系统、体育旅游应急与救助服务系统等组成的体育旅游公共服务一体化系统。

具体到山东滨海地区实际，可以从以下四个方面入手提升体育旅游服务水平。一是挖掘山东的海洋文化、东夷文化、齐鲁文化、黄河文化、仙境文化、养生文化、体育文化等文化特质，打造具有地域特色的道家养生、风筝放飞、蹴鞠体验、秧歌展演、武术修学旅游等体育旅游项目，满足体育旅游者的娱乐、健康消费需求。二是挖掘鲁菜精细、健康、中和的传统风格和内涵，丰富"食不厌精、脍不厌细"的饮食文化，推介具有山东地方风味小吃的特色餐饮业，建设集美食体验、美食修学、美食文化于一体的美食餐饮旅游服务项目，打造青岛劈柴院美食街、烟台桃花街美食街、老潍县美食街等一批具有浓郁地方特色的美食街市，塑造"舌尖上的山东"系列美食品牌。三是创新创意山东体育商品，将剪纸、风筝、葫芦、泥塑、农民画与体育元素有机结合，为游客提供便于携带的体育吉祥物、体育地标纪念品、体育赛事服饰、体育工艺品等特色体育商品。四是丰富山东滨海体育旅游住宿产品，按照山东滨海体育旅游客源市场的消费潜力、需求品质和档次结构，考虑淡旺季差异和市场需求弹性，适度建设高档星级酒店，以及以经济型连锁酒店为主体，以青年旅舍、农村客栈、民俗民居、汽车露营地等为补充的高、中、低不同档次、结构、类型相结合的立体化体育旅游接待体系。通过上述措施的实施，实现山东滨海全域景观化、市场秩序规范化、旅游服务精细化，让体育旅游参与者获得全方位、全程的完美体验。

（七）细分市场，注重山东滨海体育旅游产品营销

为了实现有效营销，开拓和扩大市场，需加强市场细分，通过市场调研和数据挖掘、数据分析，掌握山东滨海体育旅游者的消费特征与需求，根据旅游者的差异性需求与消费趋势，进行市场定位与细分，并进一步打造有针对性的体育旅游产品，进行精准营销。

首先，加强目标调研与培育。着重支持和培育各类体育运动休闲俱乐部，如高尔夫俱乐部、骑行俱乐部、潜水俱乐部、帆船俱乐部等，这些俱乐部的成员不仅有着体育运动爱好，还有足够的时间和经济实力，都是潜在的体育旅游消费者。应当积极对各类体育运动休闲俱乐部进行调研，寻求合作机会，获取其成员体育旅游消费的特点、方式、需求和趋势。以自行车骑行俱乐部为例，调研和分析其成员的消费特点和需求，并基于此依托特色露营地、旅游廊道和景区，挖掘和结合旅游目的地的饮食、民俗文化，可以设计独具特色的骑行旅游产品，如山东滨海山地骑行之旅、山东滨海民俗体验之旅、山东滨海自行车骑行之旅等。

其次，加强目标市场营销。利用山东气候环境、地理区位、自然资源等优势，挖掘和开发山东特色民俗、文化、赛事等，统筹山东滨海全域体育旅游资源，打造各地个性化、差异化体育旅游项目，建设特色体育旅游目的地。打造复合化体育旅游品牌，采取"差异发展，联合推介，有机融合，捆绑营销"的营销策略，重点宣传山东滨海全域体育旅游在资源、文化、民俗、景观等方面的特色，建设多样化、系统化、特色化、组合互补的全域体育旅游目的地，塑造多元一体的体育旅游形象，提升传播效果，有效吸引潜在游客。

再次，积极开拓海外主市场。大力宣传营销"好客山东"品牌体系，以"好客山东"的品牌形象为引领，以"帆船之都""垂钓之都""风筝之都"等地市区域特色产品品牌为支撑，构建以"自驾山东""露营山东""养生山东""冰雪山东"为载体的山东全域体育旅游精品项目。

最后，打造立体化营销矩阵，扩大海外客源市场。重视新媒体营销，积极开拓微信、推特、抖音、脸书等新媒体营销渠道，利用平台特色进行个性化精准营销；加强线下营销，在主要的客源市场，如日、韩、美等国，以及中国港澳台地区，建立旅游营销中心和体验店；灵活应用平面广告、影视剧广告植入、新闻报道、现场表演、名人推介等方式，构建立体化营销体系，提升宣传效果，有效吸引海外游客，开拓海外市场。

参考文献

[1] 李霞:《体育旅游产业发展研究》,新华出版社 2023 年版。

[2] 陈美红、王秦英、梁四海等:《我国体育旅游产业发展之路研究》,中国书籍出版社 2020 年版。

[3] 杨谦:《体育旅游产业集群竞争力提升研究》,中国广播影视出版社 2022 年版。

[4] 石芳芳:《体育旅游市场分析与培育之道》,东北财经大学出版社 2023 年版。

[5] 吴畏:《休闲体育产业发展与体育旅游产业构建研究》,吉林出版集团股份有限公司 2023 年版。

[6] 曾博伟、张晓宇编著:《体育旅游发展新论》,中国旅游出版社 2018 年版。

[7] 李霞:《体育产业与旅游产业融合发展》,东北师范大学出版社 2021 年版。

[8] 袁建伟:《以地域特色培育与优化体育旅游产业研究:基于贵州体育旅游产业发展的思考》,吉林大学出版社 2018 年版。

[9] 李金鹏、娄震、李延平:《休闲体育旅游及产业发展研究》,九州出版社 2021 年版。

[10] 金媛媛:《我国体育与旅游产业融合发展的路径与协同治理机制研究》,经济科学出版社 2023 年版。

[11] 邢中有:《我国体育旅游产业集群竞争力提升研究》,中国水利水电出版社 2017 年版。

[12] 庞明、王天越主编:《体育旅游》,吉林出版集团有限责任公司 2008 年版。

[13] 戴俊:《体育旅游要素分析及其高质量发展研究》,吉林科学技术出版社 2021 年版。

[14] 潘丽霞:《全域旅游视域下中国体育旅游发展研究》,九州出版社 2021 年版。

[15] 李菲:《我国体育旅游的相关理论分析与发展研究》,中国原子能出版社 2018 年版。

[16] 王玉珍:《中国体育旅游产业竞争力研究》,新华出版社 2015 年版。

[17] 王盈、杨波、贾树波:《智能+时代中国式数字冰雪体育旅游产业高质量发展策略》,《湖北体育科技》2023年第9期。

[18] 彭洋、甘雨洋、吴雨桐等:《我国冰雪旅游产业的发展现状及推进策略》,《辽宁体育科技》2023年第5期。

[19] 张瀚喆:《体旅融合背景下广州市冰雪体育旅游产业高质量发展研究》,《当代体育科技》2023年第25期。

[20] 诸葛浩洋、李好根、葛男等:《中韩休闲体育旅游产业发展比较研究》,《体育科技文献通报》2023年第8期。

[21] 李冰:《我国体育旅游产业研究回顾与展望》,《合作经济与科技》2023年19期。

[22] 李傲:《新发展格局下我国体育赛事与旅游产业融合发展研究》,《文体用品与科技》2023年第16期。

[23] 刘彦彤:《成渝地区双城经济圈体育旅游产业高质量发展路径研究》,《文体用品与科技》2023年第16期。

[24] 蔡浩杰、樊炳有:《特色小镇体育旅游产业数字化转型的时代价值、困境与路径研究》,《吉林体育学院学报》2023年第4期。

[25] 李霞:《环渤海地区体育与旅游产业融合发展的SWOT分析》,《泰山学院学报》2023年第4期。

[26] 喻袁崛、喻坚:《乡村振兴战略下的乡村休闲体育旅游业态研究》,《三峡大学学报（人文社会科学版）》2023年第5期。

[27] 刘丹丹、朱亚成、程攀硕:《乡村振兴战略背景下乡村体育旅游产业发展研究》,《文体用品与科技》2023年第14期。

[28] 亓怀泽、郑家鲲:《高质量发展视域下我国冰雪体育旅游产业链的构建》,《冰雪运动》2023年第4期。

[29] 宋昌耀、殷婷婷、李国平:《京张体育文化旅游带产业融合发展研究》,《河北经贸大学学报》2023年第5期。

[30] 夏江涛、王石峰、黎镇鹏:《我国体育旅游产业数字化转型：动力机制、现实困境与实践路径》,《体育学研究》2023年第3期。

[31] 李学花、林敏、张致铜等:《元宇宙视域下的体育旅游产业诉求、升级及其发展路径》,《体育科技文献通报》2023年第6期。

[32] 仲跻强:《黑龙江省发展冰雪体育旅游产业的创新研究：基于冬奥会背景》，《北方经贸》2023年第6期。

[33] 胡雨、吴少峰:《旅游与体育产业间结构升级的互动关系：以天津市为例》，《科技创业月刊》2023年第5期。

[34] 张中菊:《闽南体育旅游产业生态化发展研究》，《齐齐哈尔大学学报（哲学社会科学版）》2023年第5期。

[35] 李友良、熊玉珺、胡吴进等:《江西体育与旅游产业融合创新发展的路径与机制》，《当代体育科技》2023年第13期。

[36] 韩志超、唐克己:《山东省体育产业与旅游产业耦合协调发展评价研究》，《德州学院学报》2023年第2期。

[37] 桂良发:《体育+旅游产业融合发展模式研究：以佛山三龙湾高端创新集聚区为例》，《体育科技》2023年第2期。

[38] 鸦新颖、曹冰婵:《我国体育旅游产业高质量发展的意蕴价值、现实困境及结构优化路径》，《辽宁体育科技》2023年第2期。

[39] 谢孟楠、邹青海:《数字技术赋能红色体育旅游产业高质量发展探索》，《合作经济与科技》2023年第7期。

[40] 曹开军、徐嘉良:《中国体育产业与旅游产业耦合协调时空演变及影响因素》，《西南大学学报（自然科学版）》2023年第3期。

[41] 方哲红:《旅游产业与体育产业融合发展》，《当代体育科技》2023年第8期。

[42] 张通、李梦娇:《新发展格局下我国体育旅游产业高质量发展路径研究》，《中国商论》2023年第3期。

[43] 刘宝军、王利艳:《体育文化与旅游产业融合发展的困境与破解机制》，《湖北开放职业学院学报》2023年第2期。

[44] 王艺钧:《我国体育产业与旅游产业融合发展研究：基于SWOT分析法》，《文体用品与科技》2023年第1期。

[45] 黎镇鹏、张泽承、李志敢:《新发展格局下体育旅游产业高质量发展阻滞因素与应对策略》，《体育文化导刊》2022年第12期。

[46] 牛佳佳:《后冬奥时代黑龙江省冰雪体育旅游产业发展创新研究》，《冰雪体育创新研究》2024年第3期。

[47] 王玉珍、张启明、邵玉辉:《中国体育产业与旅游产业发展耦合协调的态势测度及影响因素》，《山东体育学院学报》2022年第5期。

[48] 杨飞:《我国城市体育旅游产业竞争力理论模型构建及提升路径研究》,《体育科技文献通报》2022年第10期。

[49] 于海洋、王丽:《体育旅游产业高质量发展驱动力及其路径选择》,《盐城工学院学报（社会科学版）》2022年第5期。

[50] 邹青海、董宇、卢再水:《数字经济赋能体育旅游业高质量发展的新逻辑、新机制及新路径》,《体育教育学刊》2022年第5期。

[51] 梁兰颖、刘芳:《民俗体育旅游产业发展研究》,《文体用品与科技》2022年第18期。

[52] 张玮:《乡村振兴背景下体育旅游产业高质量发展研究》,《齐齐哈尔大学学报（哲学社会科学版）》2023年第12期。

[53] 赵冬:《基于地域生态特色的体育旅游产业发展研究：以"2022年青海生态户外体育旅游产业融合发展大会"为例》,《林产工业》2023年第12期。

[54] 文科翔、舒颜开:《"双碳"背景下冰雪体育旅游产业链韧性提升的内在机理、现实困囿及跃迁路径》,《体育科技文献通报》2023年第12期。

[55] 陈晓旭、王玉龙:《广西民族体育旅游开发研究》,《文体用品与科技》2023年第24期。

[56] 郑亮:《体育旅游产业开发地生态战略选择与可持续发展研究》,《文体用品与科技》2023年第24期。

[57] 宁静:《RCEP视角下广西体育旅游产业发展路径研究》,《南宁职业技术学院学报》2023年第6期。

[58] 朱邱晗、方宁:《数字要素驱动体育旅游产业结构升级：基于文化资本理论视角》,《体育科技文献通报》2023年第11期。

[59] 朱慧、吕雯:《新时代"旅游+体育"产业融合发展研究》,《湖北开放职业学院学报》2023年第21期。

[60] 林芳:《体验经济时代下体育旅游产业品牌化推进策略》,《现代企业》2023年第11期。

[61] 王玉珍、谢凯旋、张启明等:《黄河流域区域经济—旅游产业—体育产业耦合协调分析》,《山东体育学院学报》2023年第5期。

[62] 刘昊:《数字经济时代我国体育旅游产业发展的创新路径研究》,《当代体育科技》2023年第30期。

[63] 黎镇鹏、张泽承、任波等:《"双碳"背景下中国体育旅游产业低碳发展的现

实基础、困境桎梏与实施路径》,《山东体育学院学报》2023年第5期。

[64] 赵响、赵玉莲:《乡村体育旅游产业高质量发展机制及驱动路径》,《宿州学院学报》2023年第10期。

[65] 张冲冲:《低碳经济视角下的体育旅游产业发展探讨》,《文体用品与科技》2023年第19期。

[66] 李京泽、郭晗、姚大为:《后冬奥时代黑龙江省冰雪体育旅游产业高质量发展研究》,《旅游纵览》2023年第5期。

[67] 陈晓旭、王玉龙:《广西民族体育与旅游产业融合发展的优化研究》,《文体用品与科技》2024年第1期。

[68] 牛冠迪:《产业集聚视域下黑龙江省冰雪体育旅游产业发展对策研究》,哈尔滨体育学院2022年硕士学位论文。

[69] 赵志恒:《湖北省体育旅游产业布局与优化路径研究》,三峡大学2023年硕士学位论文。

[70] 王玉珍:《中国体育旅游产业竞争力研究》,北京体育大学2013年博士学位论文。

[71] 王泽钦:《信阳市体育旅游产业发展现状分析与对策研究》,西南大学2022年硕士学位论文。

[72] 路颖:《体育旅游产业生态系统耦合评价》,山西财经大学2022年硕士学位论文。

[73] 宋思雨:《宁夏回族自治区休闲体育旅游产业发展路径研究》,宁夏大学2023年硕士学位论文。

[74] 上官黄哲:《桂林市体育旅游产业竞争力研究》,广西师范大学2022年硕士学位论文。

[75] 时丽珍:《晋中市体育旅游产业融合发展的可拓研究》,中北大学2021年硕士学位论文。

[76] 蒋小丽:《云南省体育旅游产业增加值核算研究》,云南财经大学2020年硕士学位论文。

[77] 王晗:《吉林省冰雪体育旅游产业集群发展优化策略研究》,吉林大学2019年硕士学位论文。

[78] 李仕阳:《内蒙古冰雪体育旅游产业发展研究》,内蒙古师范大学2018年硕士学位论文。

[79] 纪宁:《体育旅游产业系统运行研究》,天津大学 2021 年博士学位论文。

[80] 田启:《体育产业与旅游产业耦合发展研究》,上海体育学院 2017 年博士学位论文。

[81] 李伟恒:《体旅融合视域下厦门滨海体育旅游产业发展评价与优化研究》,上海体育学院 2024 年硕士学位论文。

[82] 程茂滕:《数字经济驱动体育旅游产业高质量发展的作用机理与实证检验》,山西财经大学 2023 年硕士学位论文。

[83] 覃星星:《"体育+"助力"山旮旯"闯新路》,《新华每日电讯》2022 年 8 月 4 日第 7 版。

[84] 吴越:《我国体育旅游产业打特色牌》,《中国特产报》2007 年 9 月 6 日第 1 版。

[85] Pang Jundi, "A Hierarchical Analysis Structure Model for the Integration and Optimization of Sports Industry Digitalization and Tourism Industry", *Applied Mathematics and Nonlinear Sciences*, Vol.8, 2023.

[86] Wang Chen, Liu Xueying, "Study on the Synergistic Development of Rural Sports Tourism Industry in Hainan Province", *Frontiers in Sport Research*, Vol.5, 2023.

[87] Ma Lin, Tang Xuemei, "Study on Expanding the New Space of the Integrated Development of Sports Tourism by Using Digital Technology", *Frontiers in Sport Research*, Vol.5, 2023.